장래희망은,
귀여운 할머니

"우리도 그렇게 만났잖니"

하 정

좋/은/여/름

⌒ 우린 이미 귀여우니까
시간만 잘 가면 됩니다 ⌒

❖ **차례**

006　나와 닮은 사람들

012　여행운

018　멋지니까 꼭 갖고 싶었어

024　우리에게서 나는 향

028　귀여우면 귀엽다고

038　쓸모는 여러 가지로 변신한다

044　나의 호텔은 주차장에

050　그 가방

058　이건 그냥 가지고 있을래

064　기억하기 좋은 이름

078　원조의 원조

092　퍼스널 쇼퍼

108　돈 무리, 비 해피

116　좋아하는 일이 삶을 밀고 나간다

130　엄마, 여기 이상한 사람들 더 있어

140　사랑을 담아, 아빠가

148 모두가 같은 크리스마스를 갖는 것은 아니다

162 좋은 것은 네가 가져

172 가만~~히 바라보면 인생은 참 아름답습니다

186 쥴리가 씁니다

188 아네뜨가 씁니다

190 옌스와 오리온을 위하여

194 옌스가 씁니다 - 오리온에 대하여

200 하정 혹은 썸머가 씁니다

205 want some more? :)

272 우리에게 어울리는 여행

278 네가 우리 엄마를 만나보면 좋아할거야

280 사진은 이야기를 도울 뿐

285 같이 책 만들 사람, 손?

298 이렇게 멋진 사람들이구나

304 쓴 사람은 모르는 백일장

314 몰래 보내는 선물

346 우리는 어떻게 만났나요?

나와 닮은 사람들

　나는 여행이 당최 싫다. 새로운 장소에 대한 호기심이 없는 편에다 숙박업소는 불편하고, 지도 읽기도 젬병이다. 바퀴 달린 것, 날개 달린 것에 실려 옴짝달싹 못하는 채로 이동하는 시간도 질색이다. 다만 보고 싶은 이가 있으면 아무리 멀고 낯설고 불편한 곳이라도 찾아간다. 그런 이유로 최근 5년간 매해 여름, 3개월씩 유럽을 방문했다. 첫 방문은 2011년에 캠프힐*에서 일하며 만난 친구들이 이제 어떻게 살고 있나 보러 간 것이었다. 그 길에서 새로운 누군가를 만나고, 다음 해는 그 사람을 만나기 위해 비행기를 탔다. 그 길에서 또 다음 해에 찾아갈 누군가가 생겼다.

　길에서 만난 사람들은 절묘하게도 매번 새로운 생각할 거리를 던져주었다. 2011년에는 우정에 대해 곱씹을 인연이 깃들었고, 그다음 해는 인종, 그다음 해는 나이, 그다음 해는 사랑, 그다음 해는 일… 이런 식으로 매번 딱 하나씩의 키워드가 내 안에 던

져져 나만의 정의를 내리게 했다. 그리고 2016년에 만난 키워드는 살면서 한 번도 떠올려본 적 없는 단어였다.

'미래상'

별 관심도 없던 낯선 나라 덴마크, 일정에 없던 어느 시골마을, 며칠 전까지 존재조차 몰랐던 사람의 집, 샛노란 조명이 길게 늘어뜨려진 거실에서, 회색 소파에 앉아 뜨개질을 하는 그의 모습을 보았을 때였다. 선망하거나 동경하던 것을 드디어 발견했을 때의 기분도 아니고, 어떤 영감을 얻어 저렇게 되고 싶다는 결심은 더욱 아니다. 그런 단어가 표준어로서 존재하는지 나중에 사전을 찾아봤을 정도로 밑도 끝도 없이 떠오른 단어였다.

나는 미래에 대한 상상이나 계획 따위를 펼쳐보는 일이 도통 없다. 당장의 하루를 끌고 나가는 것만도 만만찮다. 나밖에 바라보지 못하고 아등바등 살다 보니 반대급부로 주변에 여유롭고 배움직한 사람들이 울타리가 되어주는 일이 많다. 그들의 면면을 보고 나면 자연스레 나 자신에게로 눈이 돌아간다. 비교하고, 자극받고, 반성하고, 본받고 싶고 따라 하고도 싶다. 그런데 그는 달랐다. 그를 처음 봤을 때, 나는 내게 눈을 돌린 것이 아니라, 그에게서 나의 모습이 포개져 보이는 묘한 경험을 하고 있었다.

며칠 후 그의 딸에게 제안을 했다. 내게 한 달의 시간을 달라, 당신 엄마의 사진을 찍고 싶다, 라고. 꼭 담고 싶은 피사체를 만난 사진가의 마음이었다.

캠프힐 Camphill _ 장애인과 봉사자가 함께 일하고 함께 사는 공동체. 영국을 중심으로 전 세계 100여 개가 넘게 설립되어 있다. camphill.org.uk

이탈리아나 프랑스, 아일랜드 사람 같았으면 그 자리에서 당사자에게 물어봤겠지만 그러지 않은 이유가 있다. 덴마크는 내가 다녀본 유럽 나라 중 사람 간의 벽이 가장 두텁고 높은 곳이다. 사람 사이의 거리 역시 확실히 멀다. 평균 키는 크고 평균 표정은 근엄하다. 한국에서도 작은 축에 끼는 나로서는 바짝 쪼그라져 살던 덴마크였기에(체류 첫날 여권과 신용카드 등 중요한 물건을 모두 담아둔 가방을 털린 사건은 안 비밀이다), 한번 만났을 뿐인 덴마크인에게 사생활을 들여다보자 제안하기란 만만한 일이 아니었다.

얼마 후 답신이 왔다. 그는 이방인이던 나와 보낸 몇 시간이 아주 편안했다며(아마도 나는 그가 개인적으로 만나 이야기를 나눈 첫 아시아인일 것이다) 제안을 흔쾌히 받아들였다. 다음 해인 2017년 여름, 나는 덴마크의 시골마을에서 한 달간 한 가족을 사진으로 담고 돌아왔다. 가을부터 책 작업을 시작해 겨울, 봄… 늦어도 다음 여름, 그러니까 올해 여름에는 책을 들고 덴마크를 방문해 그의 손에 안기겠다는 푸른 꿈을 꾸었지만 일이란 것이 어디 그런가. 나는 자잘한 난관 여러 개와 큰 난관 하나에 봉착해 도통 일을 진행하지 못했다. 자잘한 것은 어찌어찌 처리했지만, 큰 것은 나의 시간과 정신을 오랫동안 붙들었다.

미래에 대해 쓰자면 필연적으로 꺼내야 하는 이야기가 있었다. 시소 위에서 '미래상'의 반대편 자리에 앉아 아슬아슬하게 균형을 잡고 있는 '과거상'.

'덴마크의 그 사람'이 자신을 드러내 주는 것만 중요한 줄 알

앉지, 정작 '한국의 나'를 드러낼 방법에 대해선 생각하지 못했다. 일이 진척되지 않자 "난 원래 게으르다" 혹은 "지금은 생업이 더 중하다"며 핑계를 댔지만, 사실 나는 이 테마를 다룰 준비가 되어 있지 않았다. 나를 까발리지 않으면 아무것도 되지 않는 일이었다. 돌려 쓰자니 안이하고, 바로 쓰자니 쓰라렸다. '지금 있는 사람들'과 '그때 있던 일'에 대한 이야기를 균형 있게 쓰기란 쉽지 않다.

몇 개월을 마음으로만 분투하기도, 모른 척도 하다가 더는 미루고 싶지 않아 쓰기를 시작한다. 대단한 것을 만들겠다는 목표는 없다. 나와 닮은 사람이 있다면 함께 생각해보고 싶은 기록일 뿐. 혼자만의 기억으로 가두고 싶지 않다는 단순한 기분으로, '균형이고 뭐고, 좀 오르락내리락하면 어때!'라는 마음으로 쓰려고 한다.

2018년 가을
하정 혹은 썸머

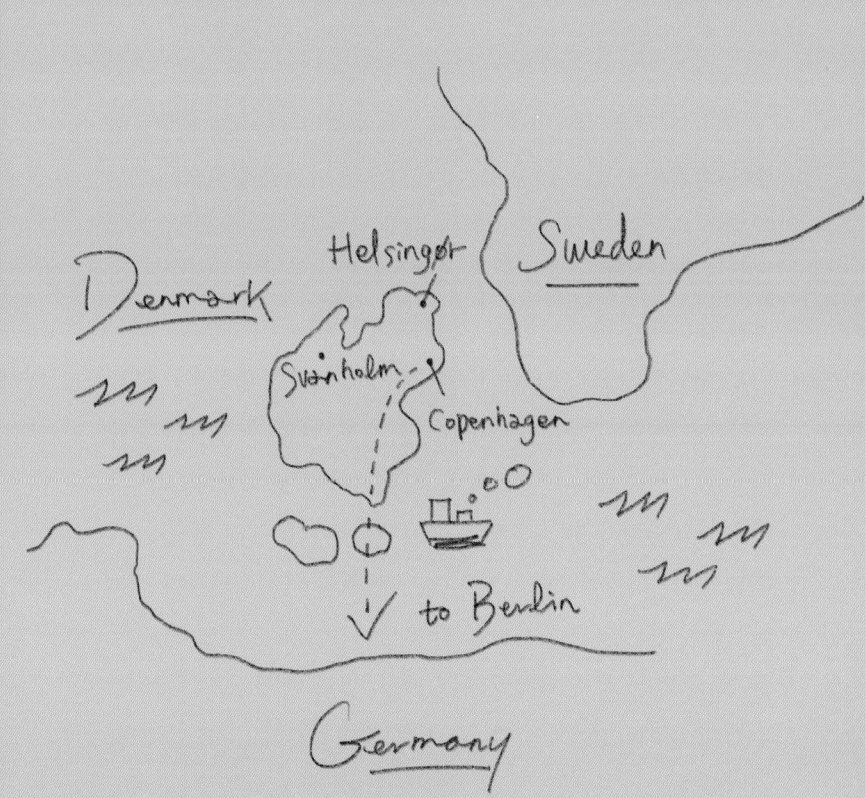

여행운

 방금 "여행을 싫어한다"고 한 것이 무색하게 "나는 여행운이 좋다"고도 자신 있게 말할 수 있다. 여행에 나서면 평소보다 나사가 느슨해지고 더 모자라지는데 지구 반대편 체류를 몇 번이나 하고서도 이렇게 살아있는 걸 보면 '여행운 충만' 외에는 설명이 되지 않는다.

 2013년에는 오스트리아 비엔나에서 이탈리아 나폴리까지 15시간짜리 야간 기차를 탄 적이 있다. 강도, 폭행 등 흉악한 소문이 가득한 이탈리아 구간인지라 긴장은 바짝, 준비는 제로인 상태로 일단 탔는데 웬걸, 정말로 유쾌하고 안락한 밤을 보냈다. 객실은 의자가 3개씩 2줄로 마주 보는 형태의 6인실. 의자를 눕혀 연결하면 널찍한 침대 하나가 되고 딱 3명이 나란히 발 뻗고 누워 잘 수 있는 식이었다. 문제는, 6인실이라 최대 6명이 예약할 수 있고, 4명이 넘어가면 침대 모드가 불가능하니 15시간을 꼬박 앉아 가야 한다는 것. 상상만 해도 무릎도가니가 시큰한 상황! 하지만 여행운 좋은 나는 딱 3명이 예약한 객실에 배정됐고 호기심 가득한 오스트리아인 대학원생과 아주머니 사이에서 관심여행자(?)로 지정되어 살뜰한 보살핌 아래 밤을 보냈다(자세한 이야기는 블로그 blog.naver.com/gingerroll에 써두었으니 궁금한 분은 그곳에서 '야간열차'를 검색해보시라).

3년 후, 두 달간의 덴마크 스반홀름* 생활을 마무리하고 남은 2주를 베를린에서 지내다가 그대로 귀국하는 일정이었던 나는 덴마크 코펜하겐을 떠나 독일 베를린으로 향하는 8시간짜리 장거리 버스를 탔다. 주머니 가벼운 여행자들을 위한 유럽 국가 간 버스라, 시설이나 승객 포화도에 따라 꽤 힘든 여행이 될 가능성이 농후하기에 또다시 '긴장 가득, BUT 준비 제로'인 상태로 올라탔다. 과연, 이번에도 여행운이 따라줄까?

빙고. 데자뷰인가 싶을 정도로 비슷한 상황이었다. 이번에는 독일인 남자 과학자, 덴마크 언니와 베를린에 도착한 것이 아쉬울 정도로 즐거운 여정을 함께했다. 덴마크와 독일을 가로지르는 해협을 지날 때는 버스를 페리에 그대로 싣는다. 승객들은 모두 버스에서 내리고, 화장실이나 식당에 가는 등 페리 안에서 머문다. 우리 셋은 내릴 땐 각자였는데 어느새 데크의 벤치에 아기

스반홀름 Svanholm community _ 1970년대에 설립된 덴마크의 생활공동체. 약 150명이 집, 식당, 차량 등을 공유하며 산다. 누구라도 자기 수입의 70%를 공동체에 납부한다. 덴마크는 조합문화가 활성화되어있어 많은 생활공동체가 생기고 없어지기도 한다. 스반홀름은 역사나 규모, 안정성 등을 따져볼 때 성공적으로 안착한 공동체로 손꼽힌다. 주로 농번기에 필요한 일손을 충당하기 위해 자원봉사자들을 모집하고 무료로 숙식을 제공한다. www.svanholm.dk

펭귄 세 마리처럼 꼭 붙어 앉아 도란도란 이야기를 나누고 있었다. 거센 해풍으로 머리카락이 얼굴을 철썩철썩 치는데도 아랑곳없었다. 독일 남자는 유쾌, 덴마크 언니는 온화했고 우리 셋 사이에는 묘한 연결점이 있었다. 예를 들어 남자와 나는 아일랜드 캠프힐에서 갭이어*를 보냈으며, 남자의 이름은 '쥴리안 Julian', 언니는 '쥴리 Julie'. 둘은 서로 이름이 같다며 신기해하고, 기대에 찬 표정으로 내 이름을 물었는데, 내 이름 역시 신기하게도 '칠월이'…가 아니라 미안하게도 '썸머 Summer', 우리는 세 이름이 여름권에 든다는 정도로도 크게 만족했다.

이야기를 나눌수록 나와 쥴리는 좀 더 연결된 느낌이었다. 예컨대 그의 이모는 내가 방금 떠나온 스반홀름의 예전 거주자였고, 쥴리는 일본문화를 좋아해 수년째 일본어 공부 중이었으며 나는 대학에서 일본어를 전공했다. 쥴리는 웹사이트에 실릴 일러스트와 사진을 고르는 에디터고, 나는 일러스트레이터였다. 독일에 닿을 즈음, 쥴리는 내게 "독일 여행을 마치고 코펜하겐에 돌아오면 같이 갤러리 투어를 하는 게 어때? 우리 집은 공항에서도 가까워. 와서 지내고 싶은 만큼 마음껏 지내도 좋아"라고 제안했지만 나는 베를린에서 한국으로 곧장 귀국할 거라고 했다. 그는 아쉽다고 했고, 나도 그렇다 했다. 그렇게 끝이었다.

참, 아니다. 쥴리는 베를린에 도착했으나 유로화 한 푼 없이 여행을 시작한 대책 없는 관심여행자를 트램역에 데려가 숙소까지 가는 티켓을 사주고 10유로짜리 지폐를 쥐여주었다. 나는 갚겠다고 했고 그는 괜찮다고했다. 그러고선 끝이었다.

+

2013년 이탈리아 야간 기차여행 때도 왼쪽에 오스트리아 남자 대학생, 오른쪽에 이탈리아 아주머니를 두고 서로 외투를 덮어줘 가며 잠을 잤다. 아주머니는 먼저 내리며 견과류 한 봉지를, 이번 덴마크 언니는 트램 표를 사주었다. 3년 전 이메일을 뒤져 야간열차 멤버들에게 다시 연락을 해보고 싶다. 낯선들의 가운데에는 지금 누가 있는지, 나는 그때의 당신 같은 사람들과 함께 있는데 당신들 곁에는 어떤 사람이 있는지… 2016.09.22

갭이어 Gap year _ 독일 등 유럽의 몇몇 국가는 고등학교 졸업 후, 몇 개월에서 길면 1년 정도 유예기간을 강제적으로 갖게 한다. 그동안 진학이나 진로에 대한 고민을 해보라는 것이다. 내가 캠프힐에 있을 당시 봉사자들 대부분이 독일에서 온 아이들이었는데, 갭이어 기간을 채우기 위해 군대와 자원봉사 중 선택해야 한다고 했다. 군대에 가면 돈을 꽤 벌지만 안전하고 새로운 경험을 할 수 있는 자원봉사를 택하는 비중이 더 높다고.

멋지니까 꼭 갖고 싶었어

 나는 촘촘하지 않다. 일도 관계도 성근 편이다. 지나고 보면 절호의 기회였던 타이밍이나 인연을 눈치도 못 챈 채 흘려보내기도 부지기수. 그러다가도 소가 뒷걸음치다 뭐 잡듯, 딱히 상대가 진하게 말하지 않았음에도 그의 감정을 분명하게 캐치하는 경우가 있다. 그래 봤자 인생을 통틀어 단 세 번이었는데, 그중 한 번이 그날의 버스 안에서 일어났다.

 고작 8시간의 대화였지만 공통점도 많고 이야기가 잘 통했다고 여겼는지, 쥴리는 내게 자신의 집에 머물며 여행할 것을 권했다. 내 여행이 덴마크에서 시작했으니 같은 곳에서 끝나겠지 생각했던 그는, 이대로 베를린 출국이라고 하자 "아. 그래? 그럼 다음에"라며 특별할 것 없는 아쉬움을 표했다.

 형식만 보자면 "언제 밥 한번 먹자", "그래. 다음에 그러자. 안녕!" 정도의 대화였는데 그럼에도 나는 베를린에 머무는 며칠 동안 줄곧 '덴마크에 돌아가, 말아?'를 고민했다. 이유는 단 하나다. 제안을 할 때 자못 들떴던, 그리고 대답을 들었을 때 살짝 아쉬워했던 쥴리의 눈빛이 뒷걸음질에 걸려든 것. 분명 그는 '살짝' 아쉬워했는데 이상하게도 그 순간의 나는 어딘가에 발을 쑤욱 깊게 담근 기분이 들었다. '저 제안은 거절하고 싶지 않다'는 마음이 동했다. 제안을 받아들여서 얻는 득이나 즐거움이 문제가 아니었다. 마술피리 소리에라도 홀린 듯, 나는 자진하여 복잡다단한 절차를 걸쳐 귀국 항공편을 조정하고 코펜하겐으로 돌아갔다. 8시간짜리 장거리 버스를 타고, 온 길을 고대로 거슬러….

쥴리의 말대로 코펜하겐 공항에서 20분 남짓, 그러면서 도심에서도 가까운 그의 아파트에서 2016년 유럽 여행의 마지막 며칠을 보냈다. 넉넉한 거실에 아담한 침실 하나, 딱 한 사람 정도가 요리할 만한 작은 부엌, 샤워실 겸 화장실이 딸린, 전형적인 덴마크 도시의 아파트였다. 나무로 된 얇은 마룻바닥이 밟으면 삐그더억 소리를 내는 그런 곳이었다.

전체적으로 작고 얇고 가벼운 이곳에 극적으로 거대하고 두껍고 무거운 것이 있었으니 바로 쥴리의 가구였다. 거실을 장악한 책장은 천상에 닿을 듯 키가 아주 컸고, 원목으로 만들어져 무거운 데다 책으로 빈틈없이 차 있었다. 혼자 사는 집에 6명은 족히 둘러앉을 원형식탁이 떡하니 공간을 차지하고, 책상 역시 인테리어 잡지에서 보던 날렵하고 미니멀한 스칸디나비아 스타일과는 거리가 멀었다. 총평하자면, "기분도 애매한데 가구 재배치나 해

+

외할머니 커스틴이 쓰던 책상. 이 집에 있는 많은 것들은 누군가 썼던 것이고 지금도 제 역할을 한다. 누군가의 삶이 담긴 물건에 쥴리의 지금이 더해지고 있었다. 사진 속의 여인이 생전의 커스틴, 소녀가 쥴리.

볼까?"는 되지 않을 집.

비슷한 규모의 내가 사는 서울집 가구들과 비교를 해보자. 〈집이 작으니 가구도 작게, 이사갈 때 힘드니까 소재는 가벼운 것으로, 조립형이면 더욱 좋음〉 이런 기준으로 쇼핑몰에서 구매한 얄팍얄팍한 가구들이 불면 날아갈 듯 놓인 우리 집과는 극한 대조. 쥴리의 아파트 바깥은 '간결, 합리, 실용, 편리'라는 기조 아래, 있어야 할 것만 허락할 듯한 깍쟁이의 세상인데, 안은 여유와 느긋함, 인정이 넘치는 공간이었다.

거실 책장을 대표로 쥴리에게 질문을 해보기로 했다.

"어떻게 이렇게 큰 가구를 이 집에 넣을 수 있었던 거예요?"

질문 속에는 '마룻장이 무너지는 건 아니겠죠? 자다가 죽고 싶지 않아요'라는 우려가 포함되어 있었다. 쥴리는 눈썹선을 따라 눈동자를 크게 굴리며 답했다.

"정말 힘들었지. 보다시피 계단이 보통 좁니? 그래도 멋지니까 꼭 갖고 싶었어."

"이 책상도 보통 무게가 아닐 것 같은데…"

"외할머니가 쓰시던 책상을 물려받았는데, 요즘 나오는 책상에 비하면 너무 묵직하고 실용적이지 않지만 추억이 있어서 좋아."

쥴리의 집에 놓인 단단한 물건들의 출처를 물어보면 늘 그랬다. 할아버지의 책장을 고생고생하여 들이고, 돌아가신 친척의 찬장을 떼어와 부엌에 달고, 아버지가 플리마켓에서 옛 가구를 사면 졸라서 가져오기도 했다. 쥴리의 가구는 1900년대 초나 그 이전, 물자가 귀하던 시절에 오래 쓸 요량으로 좋은 재료를 사용해 견고하게 만든 것들이었다. 인테리어 잡지의 앤티크 코너에 소개되거나, 집에 두더라도 장식적으로 쓰일 물건들. 쥴리의 공간에서 그것들은 계속 '살고' 있었다.

+
쥴리로부터 _
썸머가 '할아버지에게서'라고 말한 이 책장은 사실 제가 25년 전에 코펜하겐의 한 고가구점에서 발견한 것입니다. 너무 많은 물건에 대해 이야기하다 보니 썸머가 헷갈렸나 봐요. 당시 책장은 이미 어떤 가족이 사가기로 결정되어 있었습니다. 홈 바 Home bar로 쓰고 싶다고요. 그런데 책장을 반으로 갈라서 아래만 산다는 게 아닙니까? 저는 가게주인을 적극 설득해 책장을 통째로 사 왔어요. 가구의 허리를 뎅강 한다니, 그건 범죄행위라고 말예요!

우리에게서 나는 향

누군가의 집에 머문다는 것은 그의 향을 흡수하는 일이다. 그가 사용하던 숟가락, 접시, 침대보를 내가 쓴다. 치약이나 샴푸, 세탁세제 따위도 얻어 쓴다. 그가 밑줄 그은 책을 읽고 그의 체형대로 모양이 잡힌 옷을 빌려 입는다. 시간이 갈수록 우리에게서 나는 향이 같아진다.

쥴리의 물건과 쥴리 자신에게서 나는 향은 쥴리의 것이지만 쥴리만의 것은 아니었다. 가깝게는 엄마와 할아버지의 향이 짙게 담겨 있었고 멀게는 스웨덴, 노르웨이 등지의 옛날을 살았던 이름 모를 누군가의 향도 깃들어 있었다. 쥴리는 내가 아는 그 누구보다 자신이 태어난 뿌리의 향을 강하게 내뿜는 사람이었다.

고양이는 낯선 곳에 놓이면 구석구석 냄새를 맡으며 부지런히 탐험하고는, 마음에 드는 '것'과 '곳'을 찾아 거기에 주저앉는다. 쥴리의 집에 머문 일주일 동안 나는 딱 고양이였다. 눈을 바쁘게 움직여 근사한 것들을 찾아내고는 "이게 뭐예요? 이건 어디에서 왔어요? 이건 누가 쓰던 거죠?" 따위의 질문을 늘어놓았다. 쥴리는 성가신 꼬마를 상대하는 입장이었지만 답하기를 귀찮아하지 않았다. 오히려 구석에 있던 물건들을 꺼내놓으며 보여주기를 좋아했다.

이 작은 앤티크 하우스의 백미는 인형의 집이다. 쥴리의 엄마가 그의 엄마로부터 물려받아 가지고 놀던 인형의 집은, 한동안 박물관에 전시되었다가 쥴리의 거실에 자리잡았다. 지금은 게스트용 침대와 사무공간을 분리하는 파티션 역할을 하고 있다. 인형의 집은 침대 쪽으로 열려 있었는데, 밤늦도록 침대 맡 스탠드만을 켜두고 모로 누워 그 안을 바라보곤 했다. 엄지만한 테이블, 그보다 더 작은 접시와 컵, 샹들리에, 액자… 그것들이 만들어 내는 어릿어릿한 그림자를 가만히 보고 있자면 인형의 집 안에 누워 있는 기분이 되었다.

디자인 관련 일을 하는 둘이서 갤러리 투어를 하자고 다시 온 코펜하겐에서, 나는 집에 콕 박혀 지내는 시간이 많았다. 이내 반질거리는 앤티크 가구, 빨갛고 노란 빈티지 유리 그릇과 손으로 뜬 양말을 이 집 안에 가져다준, 무엇보다 털실처럼 포근한 녹회색 눈동자를 쥴리에게 물려준 사람들이 궁금해졌다. 그즈음, 쥴리는 독일행 버스에서 했던 것과 비슷한 제안을 해왔다.

"썸머, 네가 우리 엄마를 만나보면 정말 좋아할 거야."

+
친할머니 헬렌이 쓰던 침대. 평상시엔 소파로, 묵고 가는 손님이 있으면 침대로 쓰인다.

++
1860년, 한 덴마크 남자는 독일 출장길에 딸 '메타'에게 줄 인형의 집을 사온다. 메타는 쥴리의 현조할머니. 인형의 집은 메타에서 쥴리까지, 6대에 걸쳐 집안의 딸들에게 물려내려졌다.

귀여우면 귀엽다고

쥴리는 조금의 무게도 싣지 않고, 멀찌감치 물러선 제안을 했다.

"우리 엄마는 코펜하겐에서 한 시간쯤 떨어진 곳에 살아. 기차를 타고 가야 하는데… 너는 스반홀름에 친구들을 만나러 가야한다고 했으니 시간이 없…"

"갈래요! 갈 거예요! 데려가 줘요!"

나는 쥴리의 말을 끝까지 들을 생각이 없었다. 그는 함박웃음으로 기뻐하고는 전화로 엄마와 티타임 약속을 잡았다. 며칠 후, 우리는 스웨덴을 마주 보는 항구도시 헬싱괴르 Helsingør에 도착했다. 쥴리의 아빠, 옌스 Jens가 기차역에 마중 나와 있었다. 근엄해 보이는 보통 덴마크 사람의 얼굴. 옌스는 엔지니어로 평생을 일하고 은퇴 후 여행과 레일 기차 조립을 하며 지내고 있다. 그는 유창한 영어로 쥴리와 대화를 나누었고 곧이어 나에게 건조하고 중립적인 관심을 보여주었다. 너희 나라는 인구가 몇이더냐, 기후는 어떠하냐 정도의 질문 말이다. 헬싱괴르는 우리 가족이 사는 군산만큼이나 소도시라 내 영어 실력이 바닥을 보이기 전에 우리는 집에 도착했다. 동네에서 가장 높고 울창한 나무가 있는 집. 이후 집을 찾아올 때 나는 지도앱을 사용하지 않고 지붕들 사이로 훤칠하게 뻗어 올라온 이 80살 먹은 캐나디안 참나무를 북극성 삼아 돌아오곤 했다.

좁다란 오솔길을 지나자 손바닥만 한 주차공간이 나왔고 우리는 차에서 내려 현관으로 향했다. 옌스가 나무 현관문을 밀어 열고 줄리와 내가 뒤이어 집 안으로 발을 디뎠다. 거실에서 누군가 나오더니 옌스와 줄리를 반겼고 알아들을 수 없는 덴마크어가 휘날렸다. 부녀가 인사를 마치고 양쪽으로 갈라서 줄 때까지 나는 그를 볼 수 없었다. 드디어 그와 나 사이에 공간이 생기자 그가 내 쪽으로 걸어와 빨간 안경테 너머 푸른 눈을 반짝이며 아주 작은 목소리로 인사했다. "하이, 썸머." 나는 그와 악수하며 "…하이, 맘"이라고 답했다. 줄리의 엄마 아네뜨 Anette였다.

박찬욱 감독의 영화 『아가씨』에서 김태리가 김민희를 처음 알현하는 장면을 아시는가? 납작 조아렸던 김태리가 고개를 조심스럽게 들어 김민희를 슬쩍 본다. 그러고는 황급히 고개를 숙이며 이런 말을 속으로 읊는다. '염병! 이쁘면 이쁘다고 미리 말을 해줘야 될 거 아냐!' 나는 아네뜨를 만나고서야, 영화를 볼 당시엔 몰랐던 감독의 의도를 정확히 이해했다. '귀여우면 귀엽다고

말을 해줬어야지!'

 150cm가 약간 넘는 키, 똑단발의 빛나는 은발을 한 여자는 무채색 원피스에 낙낙한 바지를 받쳐 입고, 울 소재의 양말에 빨간 통가죽신을 신고 있었다. 내 쪽으로 착착착 걸어올 때는 턱선에서 은발이 포실포실 들떴다. 아네뜨가 주얼리 디자이너라는 것 외에 아무것도 몰랐던 나는 무방비 상태로 맞닥뜨린 그의 비주얼에 압도되어 머릿속이 새하얘졌다.

 아네뜨는 나를 거실로 안내했다. 테이블에는 찻잔 4개와 찻주전자, 과자, 갖가지 잼과 마멀레이드, 버터, 치즈 덩어리가 놓여 있었다. 옌스는 부엌에서 마른행주를 덮은 바구니를 하나 들고 왔는데 안에는 그가 더치팬을 이용해 구운 빵이 들어 있었다. 옌스는 빵을 자르고 아네뜨는 차를 따랐다. 테이블 가득 티타임의 소재가 차올랐다.

 대화는 주로 옌스가 나에게 질문하는 것으로 이루어졌다. 쥴리는 곧장 대화 내용을 덴마크어로 아네뜨에게 옮겼고, 그러면 아네뜨는 고개를 끄덕이기도, 엷게 미소를 짓기도 했다. 티타임 내내 아네뜨는 손에서 뜨개감을 내려놓지 않았다. 그러다가 쥴리와 옌스가 무언가를 가지러 2층으로 올라가자, 거실에는 아네뜨와 나만 남는 상황이 되었다. 그때 아네뜨가 아주 천천히 또박또박 말을 걸어왔다. 춥지 않은지, 덴마크가 좋은지 정도의 쉬운 영어였다. 나는 그가 말을 건네는 속도에 맞추어 천천히 대답을 했고, "당신은 뜨개질을 좋아하는군요?"라 말하며 양손으로 뜨개질

하는 모습을 흉내냈다. 아네뜨는 눈을 반짝이며 "응. 나는 뜨개질을 정말 좋아해"라고 말했다. 맞선을 보는 듯 소소한 대화가 조심스레 오갔다. 두어 시간 후 쥴리와 나는 코펜하겐으로 돌아왔고, 나는 귀국가방을 꾸렸다.

 이때서야, 덴마크 여행을 마무리하는 이 시점에서야, 내가 덴마크를 겪는다는 실감이 났다. 내 선택으로 덴마크라는 나라를 콕 찍어 날아왔지만, 나라 자체에는 관심이 없었다. 2011년 북아일랜드의 캠프힐에서 1년간 체류하고 돌아와, 이후 비슷한 시스템의 공동체에서 여름을 보낼 수 있을까 싶어 검색하다 발견한 곳이 '스반홀름'이라는 유기농장 기반의 공동체였다. 스반홀름이 덴마크에 있어서 온 것뿐이다. 요 몇 년 세상 가장 힙한 덴마크 코드 즉, '행복의 비결' 또는 '휘게', '북유럽 스타일' 따위의 키워드는 내 취향이 아니었다. 교육, 사회, 문화 모든 면에서 훅훅 튀

어 나오는지라, 경험하지도 않았는데 식상해졌었다. 그래도 체류할 나라에 대해 어느 정도는 알아야겠다며 도서관에서 잔뜩 빌려온 덴마크 관련 서적은 끌리지 않았다. 덴마크와 우리나라를 복지, 교육 이슈로 비교분석하는 책은 자학적이거나 계몽적이었고, 인테리어나 디자인을 소개하는 책은 현실감이 없었다.

스반홀름만 거쳐서 쏙 빠져나오는 덴마크 여행을 하려 했던 나는, 일단 그 나라를 벗어나는 데 성공했지만, 바로 되돌아가 그곳에 푹 담겨졌으며, 다음 해 여름 다시 덴마크행 비행기에 올랐다. 이번에는 몇 시간이 아니라 한 달 동안, 티타임이 아니라 그와 함께 살기로 하며.

등장인물

어위 Aage — **커스텐 Kirsten**

아네뜨 Anette — **옌스 Jens**

쥴리 Julie ⬭   **니나 Nina**

메시 Messi

썸머 or 해정 Summer (동그라미)

동동 DD

— 가족
-- 친구
⌒ 반려동물

쓸모는 여러 가지로 변신한다

"하이, 썸머."

아네뜨의 목소리는 여전히 가늘고 조용하고 맑다. 고양이 걸음처럼 한 글자 한 글자를 우아하게 내려놓는다. 진지한데 무겁지 않고, 경쾌한데 가볍지 않다. 눈썹 높이로 가지런히 자른 은빛 앞머리 밑에서 반짝이는 호숫빛 눈동자, 새하얀 얼굴에 양볼은 발그레… 그런 얼굴로 아장아장 걸어와 허그하는 아네뜨를 다시 만나다니….

"여긴 그동안 변한 건 없단다. 아, 이것만 달라졌을 거야."

아네뜨는 나를 끌고 거실의 소파와 다이닝룸(아네뜨의 재봉실이 되어 있다)에서 한창 작업중인 캔버스 가방을 연이어 보여주었다. 작년에 왔을 때 우리 넷이 티타임을 가졌던 소파가 낡아 새 소파를 샀는데, 헌 소파를 감쌌던 줄무늬 패브릭을 떼어내 정원 의자의 커버로 한 계절 썼다가, 다시 떼어내 캔버스 가방을 만드는 데

활용하고 있다는 설명이다.

이 집에서는 새것이 들어오면서 이유없이 헌것을 쫓아내지 않는다. 버려지는 것은 최소한으로, 쓸 수 있는 부분은 꼭 업사이클링 하는 것이 아네뜨의 방식이다. 물건의 쓸모는 여러 가지로 변신하여 아네뜨의 삶 안에서 돌고 돈다. 새 캔버스 가방을 들 때마다 아네뜨는 정원에서 뜨개질을 하던 시간, 소파에서 보낸 여러 번의 크리스마스를 반추할 것이다. 그는 몇 년 후 이 가방에 질린다 해도 패브릭이며 부속품을 그냥 버리지 않겠다고 했다.

엄마의 조곤조곤한 설명을 듣던 줄리가 내게 다가와 속삭였다.

"원래 엄마는 영어를 잘 쓰려고 하지 않아. 와, 그런데 지금 봐. 작년에 엄마가 너랑 단둘이 있을 때 영어로 먼저 말을 걸었다

는 것도 놀라웠는데, 이렇게 영어를 적극적으로 할 줄은 몰랐어."

쥴리는 첫날부터 엄마의 새로운 면모에 놀라며 앞으로 펼쳐질 일을 은근히 기대했다. 쥴리에게 '우리의 포토북 프로젝트'(이번 나의 체류를 우리는 그렇게 부르기로 했다)를 제안했을 때, 그는 엄마가 거절할 수도 있다고 했다. 아네뜨는 내성적인데다 자신을 드러내기보다는 혼자 조용히 뜨개질이나 보석 다듬기를 즐기는 사람이라서, 과연 자신의 공간과 이야기를 공개하는 일에 나설지 의구심이 든다고 했다. 하지만 아네뜨는 나의 제안을 반겼고, 프로젝트도 하고 싶다고 했다.

생각지도 못한 지점에서 감탄하는 쥴리를 보고서야, 내가 아네뜨에게 무슨 일을 부탁했는지 실감할 수 있었다. 단순히 사진의 모델이 되어주는 일이 아니었다.

아네뜨의 그 분발하는 기분을 나는 안다. 캠프힐에서 일할 때, 오래 배웠지만 평생 입으로 꺼내 본 적 없는 영어를 의무적으로 말해야 했다. 그래 봐야 3형식을 넘기지 못하는 간단한 영어였지만, 저녁에 숙소에 돌아와 누워 있자면 턱 근육이 뻑뻑하고 뒷목이 심하게 당겼다. 언어마다 사용하는 근육이 다르다는 걸, 언어를 스위치하는 피로감을, 그때 알았다. 그렇게 힘든데도 내 의사를 모국어만큼 정확하고 풍부하게 표현할 수 없다는 서글픔과 자괴감도 곁들여 배웠다. 프로젝트 확정 후, 나와 쥴리가 무얼 찍을지, 하루 일과를 어떻게 짤지 따위의 실용적인 문제를 궁리하는 동안 아네뜨는 어떤 각오를 스스로에게 되뇌었을까…

+
아네뜨의 새 소파. 건축가 아르네 야콥센 Arne Jacobsen과 플래밍 라센 Flemming Lassen 의 작품. 1939년의 오리지널 디자인으로 최근 다시 제작되고 있다. 코펜하겐 시청의 시장실에 놓일 용도로 디자인되어 '시장의 소파'로도 불린다.

나의 호텔은 주차장에

 여행이란 항공편과 숙소만 정해지면 나머지는 쭉쭉 해결된다. 그 두 가지가 결정되지 않으면 다음으로 나아가지 못한다는 말이기도 하다. 덴마크행 비행기 표를 구매한 후 쥴리에게 엄마 집 근처에 지낼 만한 숙소를 알아봐 달라는 메일을 작성하고 있을 즈음에 쥴리에게서 먼저 메일이 왔다.

 「썸머. 엄마 집에도 손님방이 있지만, 너만의 공간이 필요할 테지? 우리 가족이 타고 다니던 캠퍼(캠핑카)가 있어. 부엌이며 화장실, 작은 책상까지 있단다. 그곳에서 지낼래?」

 나는 이쯤 읽고 나서 곧장 「옛스!」로 회신하려다 메시지의 절정이 말미에 숨어 있는 것을 발견하고는 느낌표를 아낌없이 덧붙여 보냈다.

 「70년대 빈티지 모델이야. 그럼 연락줘.」

 나는 서울에서도 오래된 동네 북촌에 산다. 나무 창틀과 옛날

미닫이문이 버티고 있는 허름한 다세대주택을 선택하며 "코리안 빈티지"라고 주장하기를 어언 6년… 올여름을 빈티지와 레트로의 천국 덴마크에서, 그것도 70년대 캠퍼에서 지낸다니!

나의 오래되고 아름다운 호텔은 아네뜨의 집 현관에서 넉넉잡아 열 걸음, 가족의 승용차며 자전거와 함께 주차장에서 얌전히 투숙객을 기다리고 있었다. 아네뜨가 집 안내를 하는 동안 옌스는 물 양동이에 세제, 스펀지 등을 챙겨가 캠퍼의 구석구석을 닦아냈는데 그것이 귀찮은 노동으로 보이지 않았다. 쥴리에게 듣자니, 내가 캠퍼에 머물겠다고 하자 옌스는 무척 기뻐했다고 한다. 캠퍼는 가족을 태우고 유럽 곳곳을 누볐는데, 아무래도 점점 캠퍼 여행이 부담스러워지다 보니 녀석은 한동안 차고에서 잠이나 자는 신세였다는 것. 캠퍼가 다시 제 역할을 할 찬스를 맞게 되자 (비록 주차장에서라지만) 옌스는 콧노래를 부르며 특별히 거품목욕을 시켜주는 것이다.

옌스의 꼼꼼한 세차가 끝난 후, 캠퍼와의 상견례 차 티타임이 열렸다. 캠퍼 안 테이블(테이블을 접고 쿠션을 깔면 침대가 된다)에 어른 넷이 옹기종기 앉아 캠핑용 플라스틱 컵에 홍차를 마셨다. 캠퍼 투어는 당연히 옌스담당이었다. 그는 문을 열고 잠그는 법, 각종 수납함의 위치, 운전석 공간을 사무실로 만드는 법이며, 가스와 물, 화장실 쓰는 법을 가르쳐주었다. 그러면서 반들반들한 나무와 노란 커튼, 패브릭 커버로 마감된 내부를 오리지널 상태 그대로 남겨두었다는 사실을 강조했다. 구식 캠퍼를 가진 사람들

+
테이블이 침대가 되고, 운전석이 사무실이 되는 마법의 호텔. 물론 카페로도 변신한다. 옌스는 곧 미국 사막여행으로 집을 떠나 있었는데 쥴리에게 생존 신고 메일을 보낼 때마다, 썸머가 캠퍼 생활을 좋아하는지, 문제는 없는지 몇 번이고 물었다고 한다. 물론 나는 수퍼 뷰티풀 빈티지 캠퍼에 지내게 되어 영광이라고 옌스에게 전해달라 했다.

은 대부분 내부 리모델링을 하며 마감재를 신소재로 교체하지만, 제작 당시 스타일과 소재를 그대로 보존하는 것이 당신의 목표였다고. 다만, 캠퍼를 중고로 구매했는데 이전 주인이 지독한 흡연자였는지 쿠션이며 커튼 등 패브릭에 배어든 담배 냄새를 뺀다고 몇 번이고 세탁하느라 힘들었다며 아네뜨가 고단한 얼굴로 거들었다. 하지만 아네뜨 역시, 아니 여기에 있는 누구도 리모델링된 캠퍼를 바라지 않을 것이다. 전혀.

+
캠퍼 내부를 아늑하게 두르고 있는 노란 커튼 덕에 영화 『리틀 미스 선샤인』의 폭스바겐 미니밴에 사는 기분이 들기도 했다.

그 가방

첫 덴마크 여행에서 돌아오니 한국은 겨울이었다. 10월에 들어왔지만 두 달 여행했으면 여독도 두 달은 풀어야 하는 유리체력이라 정신을 차려보니 겨울이었다. 가을잠을 실컷 잤으니 자연스럽게 이어서 겨울잠에 돌입하는 것은 내가 봐도 너무한 처사라 슬슬 기지개를 켰다. 생업인 드로잉 수업을 재개하고 먼 여행의 이야기를 듣자는 친구들도 만났다. 아래는 그해 겨울부터 봄까지 내가 사람들에게 가장 많이 받은 질문 베스트 3이다.

1. 밭일은 어땠나? 2. 그 가방 어디에서 샀나? 3. 뜨개라고?

1번 '스반홀름의 슬기로운 밭생활'에 대해서는 다른 기회에 풀어놓기로 하고 오늘은 2, 3번에 대해 말해볼까 한다. 그 겨울 나는, 드로잉 꼬꼬마*며 친구며 동네 카페 주인이며 편의점 아르바

꼬꼬마_드로잉 수업에서 만난 수강생을 부르는 말. 17세 고등학생도 73세 할아버지도 모두 꼬꼬마다.

이트생이며 택시기사며 옷가게 주인까지… 스치는 거의 모든 이들에게서 같은 질문을 들었다. 내 손에 들린 덴마크산 가방이 사람들의 관심을 이토록 끌 줄은 상상도 못 했다.

작년에 헤어질 때, 아네뜨는 복실복실한 무언가가 가득 담긴 커다란 수납함을 가져와 보여주고는 선물할 테니 하나를 고르라 했다. 아네뜨가 만든 양모 가방이었다. 하나라니… 이렇게 예쁜 것을 가득 내어놓고 하나라니… 가혹한 순간이었다. 나는 물욕과 결정곤란에 빠져 "흐응~" 하는 앓는 소리와 함께 한참을 고민한 후, 회색 바탕에 청보라색 줄이 그어져 있는 녀석을 겨우 집었다. 잘 어울리는 선택이라고 아네뜨는 칭찬했다.

한국에 돌아와 여름을 제외한 세 계절동안 손가방으로 잘 들고 다녔고, 동동*이 작았을 때는 외출용 캐리어로 쓰기도 했다. 크기며 모양이 곰돌이 푸의 꿀단지와 비슷해 허니쟈 Honey jar 라고 이름을 붙였다.

뜨개 가방이라 하면 사람들은 일단 조직감에 놀란다. 무거운 것을 넣어도 축 처지지 않고 짱짱한 가방을 뜨개로 만들 수 있다니!라면서. 뜨개에 대해 뜨도 모르는 나는 그것이 신기한 일인지 알지 못했디. 애초에 어떻게 만들어졌는지 묻거나 추측할 수도 없었다. 허니쟈는 가는 곳마다 칭찬을 받았고, 친구들은 "가방이 없어지면 그냥 그런 줄 알라"며 호시탐탐 기회를 노렸으나 허니

동동_2017년 5월, 창덕궁 요금문에서 구조된 고양이. 동네 주민 유나가 구조해 동네의 사랑방 격 카페인 〈동네커피〉의 주인이 돌보다 내가 입양했다. 그즈음 총 3마리의 아기 고양이가 구조되었는데, 카페 주인은 녀석들을 두고 동네 이름 '원서동'을 따서 원동, 서동, 동동이라 이름 지었다. 300g이 채 안되는 털뭉치였는데, 지금은 아주 크고 아름답다.

쟈는 무탈히 내 곁에 있다.

    나는 허니쟈에 대한 국내 반응을 덴마크에 전했다. 아네뜨는 허니쟈를 덴마크와 스웨덴의 패션 매장에서 판매한 적이 있어서 이미 고객들의 반응에 익숙하지만, 극동의 나라 사람들이 좋아해 준다니 크게 기뻐했다. 우리의 포토북 프로젝트에서 허니쟈가 주연 중 하나가 될 것임은 누구도 의심하지 않았다. 그것도 가장 첫 촬영 대상으로!

+

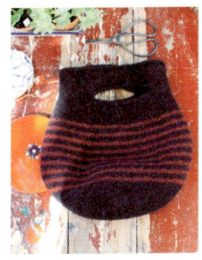

아네뜨는 가지고 있는 허니쟈를 모두 꺼내왔고 나는 그것들을 정원 테이블 위에 두고 사진을 찍었다. 제품 카달로그가 아니니 대표 사진 몇 개만 찍어도 되었겠지만, 모두 간직하고파 하나도 빼두지 않고 찍었다.

아네뜨는 내가 머무는 동안 짬짬이 80번째 허니쟈를 뜨며, 주요 과정을 보여주었다. 쉽게 만들 수 있는 가방인 줄 알았지만, 과정을 보니 꽤 지난한 작업이어서 작년에 너무 날름 받아버린 것은 아닌가 겸연쩍었다.

그만큼의 노동과 시간이 점점 부담스러워진 아네뜨는 81번째 허니쟈는 없을 거라고 했다. 우리는 아쉬워하지 않았다. 80번째 허니쟈의 탄생과정을 함께 지켜볼 수 있음에 만족했고 아네뜨의 마지막 매듭을 축하했다. 다음 장에 80번째 허니쟈 완성품과 아네뜨의 비법이 있다.

+
아네뜨로부터 _
허니쟈 만들기는 단순하지만, 섬세한 손길이 필요합니다. 가방의 모양이나 크기는 여러분이 원하는 대로 자유롭게 뜨세요. 단 결과물로 원하는 크기의 4~5배 이상 크게 떠야 하고, 세탁을 반복할 건데 이 과정이 포인트예요. 첫 세탁은 수온을 40도 정도, 두 번째 혹은 그다음부터는 30도에 맞추고 약 15분씩 진행합니다. 이때 실이 줄어들면서(펠트화) 느슨한 양모가 짱짱한 조직으로 변하는 마법이 일어나죠. 세탁할 때마다 어느 정도 줄어들었는지 확인해가며 원하는 크기를 만드세요. 세제는 1테이블스푼이면 돼요.

세탁할 때 조금 무거운 물체를 가방 안에 넣어보세요. 테니스공 2개나, 두꺼운 운동복 바지 같은 것 말이죠. 양모가 줄어드는 데 도움이 됩니다. 털실은 100% 순수 양모를 사용하되, 세탁 가능한 것(줄어들지 않는 것)이어서는 '안 됩니다'. 펠트화가 핵심이기 때문이지요. 저는 'Gotlandsk Pelsuld'라는 스웨덴의 고틀란드산(産) 양모를 사용하는데 Filcolana 브랜드를 주로 이용해요. 영어로 된 정보는 다음 링크를 참고해 보세요. http://www.filcolana.dk/en/node/548 같은 브랜드나 비슷한 종류의 양모를 찾아 허니쟈 만들기에 도전해 보세요. 한국분들이 만든 허니쟈를 볼 수 있기를 기대합니다.

이건 그냥 가지고 있을래

　옌스는 캠퍼 교육을 마친 후 토탈 이클립스를 보기 위해 미국의 어느 사막으로 긴 여행을 떠났고, 덴마크 여자 둘과 한국인 여자 하나의 나날이 시작되었다.
　쥴리는 한 기업의 사회공헌재단에서 근무하며, 자살 방지 콜센터에서 수년째 자원봉사를 하고 있다. 프로젝트를 위해 양쪽에 모두 휴가를 내고 엄마집에 오면서, 내친김에 엄마와 함께 해야 할 일들을 하나하나 해나갔다.
　그중 가장 큰 일은 지하 창고에 그득 쌓여 있는 물건 상자들을 좁은 계단을 통해 지상으로 옮기기였다. 매해 겨울, 지역에서 열리는 큰 플리마켓에 출점하는 옌스와 아네뜨를 위해, 이번에 팔 물건과 다시 지하로 들어갈 물건을 구분하는 일이었다. 옌스가 있더라도 70대 부부끼리 해내기는 무리이며, 우리 모두 젊다 해도 다음 날 직립보행이 불가능하겠다 싶을 만큼 상자의 양은 어마어마했다.

  우리는 하루 날을 잡고 상자를 다이닝룸으로 옮겼다. 아네뜨 부부가 마켓에서 사 온 물건도 있지만, 아버지, 어머니, 이모 등 가족의 유품이 대부분이다. 가족 중 누군가 사망하면 직계가족이나 각별한 사이였던 친인척들이 고인의 집에 모여 유품을 정리한다. 고인과의 추억에 따라 가지고 싶은 것들을 나누어 갖는다. 쥴리네 집에 있는 이모의 부엌 선반이며 그릇, 할머니의 스웨터, 뜨개바늘 따위가 그렇게 온 것이다. 나머지 유품은 잘 보관해 두었다가 마켓이 열리면 내다 팔기도 하는 일련의 정리 프로세스가 일반적이라고 한다.

  지하실에 잠들어 있던 물건 중 1차 후보들이 다이닝 테이블에 늘어 놓였고, 아네뜨와 쥴리는 그것을 한참 내려다보았다. 엄마와 딸은 덴마크어로 몇 마디 주고받더니 일부는 마켓행 상자에, 나머지는 지하실행 상자에 도로 담았다. 표정과 억양으로 유추해 보자면, 엄마는 "아, 이건 그냥 가지고 있을래", 딸은 "이걸 뒀다 어디 쓴다고 그래. 그냥 팔자", 엄마는 "아니야. 다음에!" 이런 식이 아니었을까. 둘의 옥신각신을 바라보며 빙긋 웃는 나에게 쥴리는 엄마와 무슨 말을 했는지 영어로 전해주었다.

  이것은 아버지(쥴리의 외할아버지)의 하나 남은 커트러리 세트니까, 이건 스웨덴의 플리마켓에서 산 건데 볼 때마다 그때 에피소드가 생각나서… 일단 팔려고 꺼내놓고도 막상 보내려 하면 갖가지 추억이 떠올라 물건에서 마음이 도통 떨어지지 않는 아네뜨였다. 저장은 '관리'를, 관리는 곧 '애정'을 뜻한다. 진열장에 두

며 볼 것도 아니고 다시 지하실 신세라 해도 정이 진하게 든 녀석들을 쉽게 내놓을 수 없다.

다시 지하로 보내지는 상자들을 바라보며, 지하실의 나이, 그러니까 그곳에 살고 있는 물건들의 나이를 더하면 덴마크의 나이와 맞먹겠지 생각했다. 물건을 마켓에 내보내면 지하실이 젊어지지 않겠냐고? 절레절레! 부부가 마켓에서 사 올 것들의 나이까지 더해질테니 그럴 일은 없을 것이다.

+
지하 보물창고의 한쪽 벽. 어떤 녀석을 팔아볼까 고심하며 골라보지만 이내 "아이고~ 내 새끼들~" 하면서 도로 내려놓을 수밖에 없다. 이 사진 속에서 아네뜨가 가장 아끼는 아이템은, 가장 위 선반 좌측에 보이는 노란 법랑 냄비다. Dansk Designs사의 Kobenstyle 4 Qt Casserole 제품으로, 디자이너 Jens Quistgaard의 1956년 작품이다.

기억하기 좋은 이름

"아, 맞다!"

마켓용 물건을 분류하다 쥴리는 무언가 떠오른 듯 자리를 박차고 일어나 자기 방에 후다닥 올라갔다 내려왔다. 손에는 회색 니트가 들려 있었다. 펼치고 보니 무릎길이의 플레어스커트. 쥴리는 그것을 머리 위로 뒤집어쓰고, 허리 구멍으로 목을 쏙 빼더니 신이 난 아이가 되어 말했다.

"짜잔. 올겨울 케이프!"

니트 스커트를 뒤집어쓰면 방한용 케이프가 된다는 것이다. 무엇보다 스커트를 조금도 잘라내지 않고 그대로 살린 자신의 반짝반짝 업사이클링 아이디어를 칭찬받고 싶어 하는 눈치였다. 아네뜨와 나는 적절한 댓글을 달아주었다. "Lovely idea!"

"가슴 부분에 단추 몇 개를 장식으로 달고 싶어서 가져왔어. 엄마, 단추 좀 골라줘."

몇 년 전, 오늘처럼 마켓을 준비하던 날 외할머니가 직접 떠입었던 니트 스커트를 발견한 쥴리는 그것을 코펜하겐 집으로 가져가 한동안 두었다가 문득 케이프를 만들 생각을 했다. 엄마의 창고개방일에 분명 좋은 단추가 쏟아져 나올 것을 알고 작정하고 들고 왔다. 각양각색의 단추가 검은 테이블에 흩뿌려졌다. 단추 하나를 고르는 데도 쥴리는 양품점에서 선물을 딱 하나 골라야 하는 일곱 살 여자아이처럼 아주 신중했다. 턱을 괴고 입술을 뽀로통하게 모아 왼쪽으로 오른쪽으로 꼬물대는 쥴리 곁에 아네뜨가 다가가 몇 마디 거든다. 이 단추, 저 단추를 차례차례 케이프에 대보고, 덴마크어가 몇 마디 오갔다. 최종적으로 단추 하나가 낙점되었고 쥴리는 아주 상쾌하고 기대에 부푼 표정을 지었다. 결정! 나는 그 순간들을 카메라 렌즈를 사이에 두고 지켜보았다. 찰칵!

"가만있자…"

아네뜨는 단추 꾸러미를 정리하는 쥴리를 뒤로 하고, 다이닝룸 장식장을 열었다. 패브릭 쌓아둔 곳을 뒤적이더니 하얀 천을 한 장 꺼내어 내게 펼쳐 보였다. 한쪽 팔 정도 너비의 천에는 알파벳과 다양한 모티브가 수놓아져 있었다.

"와, 근사해요."

아무리 규방공예에 문외한인 나도 수예 작품이 대단히 손 가는 일이라는 것 정도는 알기에 자연스러운 감탄을 내뱉었다. 하지만 글씨와 그림을 자세히 볼수록 감탄의 초점이 바뀌었다.

J, u, l, i, e… 1, 9, 7, 1… 천에 수놓인 것은 쥴리의 풀네임과 생년월일, 아네뜨와 옌스의 이름 이니셜과 탄생년이었다. 쥴리의 여동생 니나와, 쥴리가 유난히 따랐다는 외할머니의 탄생년도 함께였다. 배경에는 빨간 벽돌과 파란 창틀의 학교, 손을 맞잡은 연인과 강아지, 과일바구니와 촛대, 공작새를 비롯한 6종류의 새, 3가지 타이포의 알파벳, 2가지 타이포의 숫자가 마치 쥴리의 삶을 장식하듯 수놓아져 있었다. 작품의 마무리는 모퉁이에 수놓인 왕관과, 아네뜨의 이니셜, 1981-2014라는 숫자였다. 아네뜨는 쥴리가 태어나고 10년 후, 둘째 딸 니나를 임신한 1981년에 첫 수를 놓고 2014년에 작품을 완성했다. 무려 33년간의 일이다.

단 3년, 아니 3개월간의 프로젝트도 이내 질려서 흐지부지 내팽개치는 나로서는 말을 이을 수 없었다. 덴마크의 엄마는 태어

날 아기를 기다리며, 혹은 한창 자라고 있는 아이의 행복과 건강을 기원하며 자수를 놓는다고 한다. 딱히 부르는 용어 없이 '자수'라고 하길래, 내 마음대로 〈탄생자수〉라 부르기로 했다. 탄생자수에는 알파벳과 숫자가 꼭 들어간다. 한국에서도 유아가 있는 집에 가보면 꼭 벽이며 냉장고에 붙어 있는 숫자, 글자 포스터의 덴마크 빈티지 버전이랄까. 심지어 핸드메이드! 그 외에 꽃이나 새, 사람, 건물 등은 엄마가 아기의 삶에 넣어주고 싶은 것을 수놓는다. 아네뜨는 쥴리가 명랑한 새소리를 들으며 맛있는 과일을 먹고, 예쁜 꽃에 둘러싸여 학교에 다니길 바랐나 보다. 근사한 사람에게 꽃을 받고 귀여운 강아지와 함께 살기도 바랐나 보다.

자수는 쥴리가 10살 때부터 43살이 될 때까지 이어졌다. 그렇다면 아네뜨는 새겨넣을 모티브도 그때그때 고려해 넣었을까?

마치 멀리서 수정구슬로 쥴리의 인생을 지켜보다가 쥴리에게 낭만이 필요할 때는 꽃을, 활력이 필요할 때는 과일을 수놓아주는 엄마 마녀. 그런 방식으로 엄마는 딸의 삶을 돌보는 걸까?(실제로 작년에 쥴리는 자수에 놓인 강아지와 털 색깔이 같은 강아지를 입양했다.)

탄생자수에 빠져 한참 감상하는 내게 아네뜨가 물었다.

"썸머, 너희 나라에도 이런 문화가 있니?"

흠… 나는 슬하에 딸 셋, 아들 셋, 총 여섯 명의 조카를 두고 있지만, 대학 입학 후 가족과 멀리 떨어져 살아온 터라 임신과 출산 문화가 잘 와닿지 않는다. 친구도 미혼이 많고 결혼했어도 아이가 없는 경우가 대부분이다. 가까운 사례(?)는 재작년 드로잉 수업에서 만난 영화다. 영화는 만삭의 몸으로 남편과 함께 드로잉 수업에 참여했다. 이후 태어난 아기 아인이는 모태 꼬꼬마인 셈이니 각별해서, 다른 드로잉 꼬꼬마들과 함께 아인이를 축복하는 합작 그림을 그려 선물하기도 했다.

"아마… 없을 것 같아요. 아가방을 꾸미기는 할 텐데… 아! 배냇저고리라고, 아기가 입을 상의를 임신 중에 손바느질로 만들어 두는 문화는 있어요. 저는 그런 걸 가져보진 못했지만요. 아들을 바라는 집안에 기어코 태어난 세 번째 딸이라 그런 곰살맞은 일은 엄마가 하고 싶었다 해도 눈치가 보여서 할 수 없었을 거예요. 백일이나, 돌잔치도 없었고… 참, 제 이름도 우리 가족이 지은 게 아니에요."

이때 막판 변심으로 다른 단추를 케이프에 대보며 다시 고민

+

"아네뜨! 왕관은 무슨 뜻이에요?"
"글쎄… 왕관같이 거창한 모티브를 넣다니… 왜 그랬나 잘 기억이 나지 않는구나. 호호."

에 빠진 쥴리도 눈이 둥그레져 내 쪽으로 고개를 휙 돌리고는 아네뜨와 똑같은 말을 했다. "응? 뭐라고?"

친척들 사이에서 풍문으로 떠도는 내 이름의 유래를 친구들에게 들려주곤 하는데, 이역만리 덴마크에서까지 하게 될 줄이야. 내 이름은 '하정'이지만, 원래는 '화정'이었다. 언니들도 모두 '화' 돌림이다. 내 이름만 언니들과 다른 사연인즉슨, 비중 없이 태어난 여자아이에게 '화'라는 돌림 자에 흔하디흔한 '정'을 붙여서 대충 '화정'이라고 누군가가 지었다는데, 아들을 못 낳았다고 엄마에게 눈치를 주던 친할머니가 왜인지 몸소 동사무소에 출생신고를 하러 가셨단다. 아니나 다를까 여기서부터 내 인생이 꼬이기(?) 시작한다. 할머니는 사투리가 무척 심했고, 입적 담당 직원은 할머니가 발음하는 이름 '화정'을 도통 알아듣지 못했다. 겨우 눈치로 받아적은 것이 '하정'. 글자를 모르는 할머니를 대신해 직원이 마음대로 한자도 골라 넣었다. 여름 '하'에 바를 '정'. 옥편을 펼쳐 앞쪽에 나오는 쉬운 한자를 썼겠지.

듣는 이는 대개 박장대소하며 '화정'보다 '하정'이 훨씬 낫다고, 오히려 다행이라고 한다. 아무도 관심 주지 않은 덕에 더 세련된 이름을 가졌다고, 시작은 비극인데 엔딩은 희극이라나. 맞다. 내 이름은 예쁘다. 이름의 한자를 말하면 "여름에 태어났어요?"라고 질문을 해오는 것도 좋다. "아뇨. 가을에요. 여름에 탈선하지 말고 바르게 살라고 그렇게 지었나 봐요"라며 농담으로 답하는 것도 재밌다.

Good Summer, 이름의 사연을 다 들은 아네뜨와 쥴리는 보드랍게 웃었다.

'좋은 여름'이라니… 아주 예쁜 이름이야.

여름은 가장 좋은 계절이잖아.

맞아. 모두 여름을 기다리면서 살지.

예쁜 이름이야. 기억하기 좋은 이름이야.

햇살, 바다, 모래, 호수, 나무 그늘, 풀벌레, 지푸라기 모자, 수박, 파라솔, 아이스티, 레이스 커튼… 여자들은 여름의 이름들에 빠져들었고 나는 아네뜨의 회색 소파에 깊숙이 몸을 밀어 넣었다. 한없는 여름 예찬에 귓불이 더워 왔다. 그것이 우리가 함께하는 지금 이 계절의 이름이든, 나라는 사람의 이름이든 상관없었다.

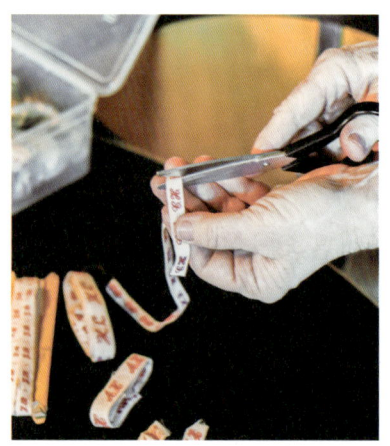

+
얇은 리본에 가족들의 이름 이니셜이 수놓아져 있다. 새 셔츠나 손수건, 양말 등을 사면 리본을 잘라 꿰매어 달아주는 것도 아네뜨의 일. 그러면 물건을 잃어버릴 일이 잘 없다. 이것은 캠프힐에서 장애인들을 위해 내가 했던 일이기도 해서 리본의 용도를 바로 알아차렸다.
아네뜨는 모든 리본을 몇 마디쯤 잘라 내게 건넸다. 나는 덴마크 엄마 마녀의 이름 부적을 지갑 안에 소중히 간직하고 있다.

+
아네뜨로부터 _
임신 중이거나 컨디션이 좋지 않을 때, 꼼짝없이 병상을 지켜야 할 때도 늘 뜨개질이나 자수를 손에서 놓지 않았습니다. 손을 바삐 움직이면 머리가 맑아지거든요. 그러면 몸의 회복도 더 빨라지는 기분이 든답니다.

+
탄생자수에 들어갈 모티브를 미리 놓아보는 일종의 연습용 자수천.
큰 작품을 위해서는 작은 연습들이 필요하다. AB는 아네뜨 자신,
NB는 둘째딸 니나, KB는 아네뜨의 어머니 커스틴의 이름 이니셜
이다.

원조의 원조

 옛 물건이라고 그저 추억에 머무는 것은 아니다. 쥴리네 집 안 가득한 옛것들은 단순히 골동품 모음으로 보이지 않았다. 할아버지, 할머니, 엄마, 이모의 물건에 쥴리만의 인생을 통해 빚어진 취향이 적극 더해졌다. 할머니의 커프스는 목걸이용 펜던트가 되어 출근용 정장에 매치되고, 할아버지의 쟁반은 쥴리가 일본 해변에서 주워온 조약돌을 담은 채 창가를 근사하게 장식하는 식이다. 모두가 쥴리의 방식으로 재해석되어 자리잡고 있었다. 아네뜨의 집은 뭐랄까… '원조'를 만나는 곳이었다. 쥴리의 원조인 아네뜨를, 그리고 아네뜨의 원조인 어위를!

 아네뜨의 아버지, 어위 Aage는 1915년에 태어나 2014년, 98세에 돌아가실 때까지 산업 디자이너로 활동했다. 나무 손잡이를 접목한 스테인리스 주방용품이 유명하고, 실험적인 디자인의 유리제품과 커트러리 등을 만들었다(어위의 원조에 대해 살짝만 설명하자면, 그의 아버지는 스푼이나 그릇 등을 찍어내는 은제품 공장을 운영했다). 그의 작품은 MoMA를 비롯한 전 세계 미술관에서 전시되었고, 지금은 덴마크 디자인 뮤지엄에도 있다니 코펜하겐에 간다면 찾아보시길.

다정하고 섬세한 엄마와 딸이 내 성향을 모를 리 없었다. 집 안에 있는 어위의 흔적을 마음껏 탐색하고, 내 방식대로 가지고 놀도록 허락한 것이다. 아네뜨는 집의 가장 중심이 되는 공간인 거실에, 또 거실의 가장 중심이 되는 벽에 어위가 그린 컨템포러리 아트 전시회의 포스터를 걸어두었다. 마치 아네뜨라는 미술관의 상설 전시는 어위라는 듯이.

쥴리, 아네뜨, 어위 중 내 직업과 가장 가까운 일을 했던 사람이 어위여서인지, 그의 세계를 볼 때 좀 더 직업적인 시각으로, 예술가의 흔적을 탐구하는 마음으로 더 많은 시간을 들이고 좀 더 가까이 다가갔다.

물병과 커트러리, 패턴과 벽지 디자인 등 어위의 활동영역은 아주 넓었다. 실제 제품뿐 아니라 만드는 과정에 남긴 기초 스케치나 아이디어 메모를 직접 본 것은 벅찬 기회였다. 유명 예술가의 노트나 스케치를 미술관에서 보곤 하지만, 이렇게 '집'에서 그의 혈육과 함께 추억담을 나누며 보는 기회는 쉽게 가질 수 없다. 나는 종종 사진을 찍는다는 본래 업무는 잊어버리고 그것들을 마냥 내려다보며 한참 감흥에 취해 있기도 했다. 그즈음 쥴리는 할아버지와의 에피소드를 하나 들려주었다.

십 대 때 쥴리는 할아버지 집에서 함께 살았던 적이 있었다고 한다. 하루는 친구들이 집에 놀러 왔는데, 문득 주변을 둘러보니 녀석들이 할아버지를 둘러싸고 질문을 해대거나 할아버지의 이야기를 경청하고 있는 게 아닌가. 쥴리는 할아버지에게 친구를 빼앗긴 기분이 들었다고 했다. 어위는 천방지축 십 대 녀석들마저 홀릴 정도로 매력적인 사람이었을까? 이런 일은 쥴리만 겪은 것이 아니었다. 아네뜨가 중년일 때 작품전을 열었는데, 오프닝 파티에 온 손님들이 죄다 또 어위 곁으로 몰려가서 그와 이야기를 나누고 싶어 했더라는 것. 쥴리와 아네뜨는 마치 그때로 돌아간 듯 질투 섞인 표정을 샐쭉 지어 보였는데 그것이 너무나 귀여워서 한참 웃었다.

나는 어위의 작품을 그대로 찍기도 하고, 아네뜨가 사 모은 소품과 매치하기도, 쥴리와 짝지어 찍기도 했다. 하루고 이틀이고, 아네뜨와 허니쟈를 뜨던 날도, 쥴리와 햄릿 연극에 가던 날도, 모든 날의 일부에는 사람들에게서 슬쩍 빠져나와 거실에 놓인 어위의 스크랩북과 꽁냥꽁냥 데이트를 했다. 쥴리와 아네뜨의 첫 한국인 친구 역시 할아버지의 주변을 맴도는 일이 몹시 즐거웠다는 걸 부정할 수 없다.

+
어위가 디자인한 코펜하겐 컨템포러리 아트 연례 전시회의 포스터 원화. 덴마크 예술가 연합에서 주최하는 전시회인데, 매해 공모전을 열어 대표 포스터를 선정한다. 어위는 이 포스터로 1978년 공모전에 당선되었다.

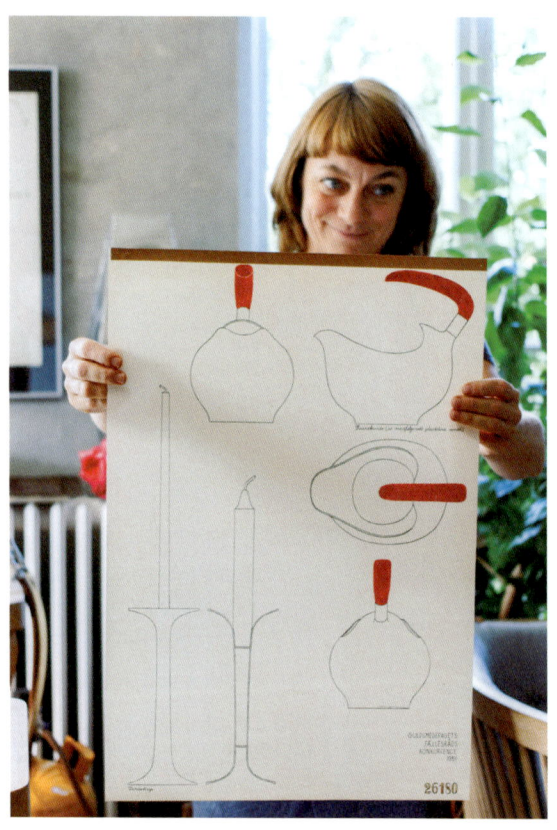

+
어위의 주된 작품은 주전자나 촛대 등 생활용품이었다. 그는 자로 재고 연필로 그리고 지우개로 지우고 물감으로 칠한 제품 개발 단계의 스케치본을 완벽한 상태로 보관해 두었다. 그의 딸 아네뜨가 가지고 있다가 손녀 쥴리에게로 갈 귀한 유산이다.

+
원화를 볼 때면 아주 가까이 다가가 보는 것을 좋아한다. 붓이 지나간 자국, 물감이 만들어낸 음영이 그대로 있다. 연필의 압력에 종이가 눌린 자국이 지우개로도 지워지지 않은 채 남아있는 것을 찾아내기도 재밌다. 그림에는 작가가 들인 공과 시간이 그대로 담겨 있다. 종이 한 장이지만 무겁고도 무겁다.

+
벽지 디자인 공모전에 출품한 작품(1950년).
아네뜨가 5살 때 그린 그림을 디자인에 활용했다.

+

포크와 나이프 제작을 위한 프로토타입. 3D 스캐너나 프린터는커녕 포토샵 프로그램도 없던 시절, 어위는 종이에 연필로 포크를 그리고 오려내 구부려서 입체감을 주었다. 여러 번 쥐어 보며 실제 제품이 어떤 느낌으로 손에 감길지 가늠하면서 작업했을 것이다.

+

마켓에 보낼 물건을 정리하던 날, 커트러리세트도 꽤 보였다. 아네뜨가 한 세트를 집어 들더니, "이건 아버지 작품인데, 꽤 독특한 디자인이야. 실제로 제품화되진 않았어. 그래서 단 하나뿐…"이라고 말하는데, 나는 또 끝까지 들을 생각이 없었다. "Take my money!"를 외치고 녀석을 낚아챘다. 사진 속 9개의 세트 중 어떤 것이 나와 함께 한국으로 왔을지 맞혀 보시길. (힌트 : 비스듬히 깎인 칼날의 긴장감이 포인트)

+
어위는 작품 스케치뿐 아니라 이런 것들도 모아 두었다. 돌멩이, 동물의 뼈, 깃털, 말라비틀어진 식물, 알 수 없는 소재의, 출처 불분명한 무언가가 가득하다. 창고에서 발견되기까지 아무도 존재를 몰랐던 상자다.

+
어위의 유품을 정리하던 날, 모르는 사람이 보면 잡동사니에 불과할 텐데 쥴리의 동생 니나 Nina는 상자를 꼭 갖고 싶다며 챙겨갔다고 한다. 어느 날 어딘가에서 돌멩이 하나를 집어 들었을 때 어위의 머릿속에 반짝인 아이디어, 상자를 자기 집에 챙겨갈 때 니나의 머릿속에 펼쳐진 계획이 무엇일지는 그들만이 안다. 그것들을 내 멋대로 상상해 보는 시간이 곧 여행이었다.

퍼스널 쇼퍼

"썸머, 내일은 아침 일찍 움직여야 해. 9시 출발. 늦지 않도록!"

쥴리가 동네에서 주말 마켓이 열린다는 소식을 알아 와서는 단단히 일렀다. 즉흥적이고 느슨한 일정을 자랑하는 우리 프로젝트에서 드물게 '시간 약속'을 하고 '채비'가 필요했던 날이다. 마켓은 이른 아침에 열려 정오가 되기 전에 폐장 분위기가 된다고 했다. 아네뜨와 옌스가 출점하는 마켓은 겨울에 열린다 해서 가볼 수 없으니 아쉬웠던 차에, 아네뜨와 함께 마켓을 걷는 것도 좋겠다 싶었다.

유럽에 머물 때면 주말마다 거리 곳곳에서 열리는 마켓 구경을 놓치지 않는다. 한국에도 최근 몇 년 사이 동네 골목마다 작고 큰 마켓이 일 년 내내 수없이 열리고 있는데 이곳의 마켓과는 조금 다른 점이 있다. 한국의 마켓은 수공예품이나 먹을거리 등을 특정한 트렌드에 맞게 만들어, 보기 좋게 포장하고 진열해 '선보

이는' 느낌이다. 그래서인지 마켓에 모인 셀러와 손님의 분위기나 지향점이 비슷하달까?(옷차림이나 소지품의 스타일마저도!)

반면 여기는 집안에서 써 내려온 물건이나 오랫동안 수집한 것들을 파는, 일종의 '집안 털어 용돈 마련'스러운 자리라는 것? 마켓을 돌다 보면 이 댁은 이런 톤을, 저 댁은 저런 스타일을 좋아하는구나 싶게 매대마다 개성이 뚜렷하다. 매대만 보아도 셀러네 집 부엌이나 거실 인테리어가 대충 가늠되기도 한다. 가격대도 폭넓다. 스푼 하나에 단돈 50센트에서 몇십 유로까지, 가격에 따른 소재나 디자인의 다양성을 보는 재미가 있다. 'Gratis(공

짜)' 딱지가 붙은 박스를 귀신같이 발견해 우다다다 뛰어가 쓸 만한 것을 찾아내는 놀이도 신난다. '우리 할머니가 쓰던', '우리 아버지가 만든', '몇십 년 전에 산' 등등 셀러에게 직접 듣는 깨알같은 스토리는 덤이다.

또 하나, 한국의 마켓은 우천시 취소인 경우가 대부분이지만, 이곳에서는 비가 오나 눈이 오나 태연하게 밀고 나간다. 유럽이란 하루에도 사계절을 겪을 수 있는 동네이므로, 여차하여 비라도 오면 미리 준비해 간 비닐로 매대를 신속히 덮고 비가 그치면 걷어낸다. 책을 파는 매대 역시 홍수라도 닥치면 모를까 어지간해서는 호들갑을 떨지 않는다. 구경 나온 사람들도 만만찮다. 비 정도로 발길을 돌리지 않는다. 늘상 입고 다니는 방수 자켓에 달린 모자를 냅다 뒤집어쓰고는, 비닐 위에 빗방울이 송글송글 맺

혀 매대가 잘 보이지 않으면 비닐을 슬쩍슬쩍 들춰 가면서 기어이 구경한다.

　헬싱괴르 동네 마켓이 열리는 오늘, 집을 나설 때는 화창했지만 구경을 시작하자마자 빗방울이 톡톡 떨어졌다. 일정을 추진하느라 내심 피곤했을 쥴리는 카페를 택했고, 아네뜨와 나는 우산을 쓰고 굳건히 구경을 계속했다. 수집한 양식기를 가져온 사람, 뜨개 양말을 만들어 온 사람, 더는 쓰지 않는 장난감이나 책, 옷을 가져온 사람으로 가득한 마켓이었다. 여느 유럽의 마켓과 다를 바 없지만 오늘 딱 하나 다르다면, 〈내가 지금 아네뜨와 있다〉는 것이다.

　그동안 마켓을 다닐 때면, 좋아 보인다고 무턱대고 사거나, 좋긴 하지만 이 값이 적당한지 몰라 우물쭈물하다가 도로 내려놓곤 했는데 아네뜨와 함께 하니 쇼핑방식이 무척 간결해졌다. 내가 어떤 물건에 관심을 가지면 아네뜨가 그것의 역사와 가치에 대해 설명해 주거나, 그가 먼저 내가 좋아할 만한 것을 찾아 보여주기도 하니 선택과 결정이 쉬웠다. 흥정이 필요하면 나는 한 발짝 물러나고 아네뜨가 등판해 셀러와 담판을 벌인다. 100크로네짜리가 80크로네가 되거나(100크로네는 약 17,000원), 티스푼 하나를 얻어내기도 한다. 집에서는 아장아장 귀엽기만 하던 은발의 여인이 똑부러진 딜러가 되어 나의 쇼핑을 도와주었다. 그렇다. 아네뜨는 오늘 나의 퍼스널 쇼퍼 Personal shopper다!

이런 식으로 한 바퀴 도니 내 양손은 가죽 케이스가 완벽히 보존된 독일제 구형 카메라, 2차 대전 직후 덴마크에서 제작된 유리접시, 주물로 된 묵직한 우유 냄비 등으로 꽤 무거웠다. 아네뜨가 없었다면 물건의 가치를 모르니, 사고 싶고 돈이 있어도 선뜻 사지 못했을 것들이다. 전리품을 내려다보며 흐뭇해하고 있는데, 갑자기 빗줄기가 강해졌다. 셀러들은 일제히 비닐로 매대를 덮었다. 쥴리에게서 카페로 대피하라는 메시지가 왔지만, 아네뜨는 카페까지 후다닥 가기 힘들었는지 나를 끌고 바로 옆 건물의 가게로 쏙 들어갔다. 가게의 마룻바닥에는 포장을 채 뜯지 않은 상품이 가득 쌓여 있었고, 물건을 정리하던 주인은 우리에게 편히 구경하라는 눈짓을 했다. 둘러보니 이곳은 바깥의 소소한 마켓과 달리 디자인 뮤지엄에서 보았던 가구나 부엌 용품 등을 판매하는, 가격대가 제법 높은 중고 앤티크 가게였다. 이전보다 다소 덜

전투적인 태도로, 감상하는 기분으로 구경하는데 아네뜨가 다가와 은색 주전자 하나를 내밀었다.

"썸머. 이것 좀 봐. 우리 아버지 디자인과 비슷하지 않니?"

"맞아요. 스테인리스 몸체에 나무 손잡이!"

"정말 근사하지? 이것도 덴마크 디자이너의 제품이야. 이건 설탕 그릇, 우유 단지와 세트로 남아 있어서 더 특별하구나. 주인에게 물어보니 가격도 무난해서 사고는 싶은데 너도 알다시피 우리 집에는 비슷한 물건이 한가득이라. 아쉽지만… 두고 가야겠어."

"그럼 제가 살게요."

아네뜨는 이런 맥락 없는 구매 결정은 처음 본다는 듯 어이없이 웃었다. 충동구매를 하는 편은 아니지만, 나의 취향 저격자 아네뜨가 좋다는 데다 내게는 없는 아이템이니 Why not!

"확실해? 내가 좋다고 해서 사려는 건 아니니?"

아네뜨가 재차 물었다. 나는 주전자를 꼭 쥔 채 "전혀요. 늘 하나쯤 가지고 싶었던 주전자입니다!"라며 배시시 웃었다. 계산을 돕기 위해 아네뜨가 주인에게 다가가 덴마크어로 몇 마디 나누고 내 쪽으로 돌아섰는데, 순간 아네뜨의 기운이 미묘하게 달라졌음을 느꼈다. 아네뜨는 내게 250크로네를 지불하라며, 그것도 '어서' 하라며 재촉했다.

"빗속에서도 느긋하던 쇼핑이 우아한 부티크에서 부산스러워지는 건 왜 때문이죠?"라고 묻고 싶었지만, 일단 시키는대로 후

다닥 계산을 했다. 아네뜨는 몹시 흡족해보였다. 주인이 포장을 마치고 쇼핑백을 넘겨주자, 아네뜨는 또다시 '서둘러' 카페로 가자고 했다.

카페에 자리하고 나서야 아네뜨는 이유를 말해 주었다. 처음 가게주인에게 주전자 세트의 가격을 물었을 때 "2.5"라고 하더란다. 아네뜨는 '2,500크로네? 나쁘지 않네'라고 생각했다. 2,500크로네면 한화로 약 40만 원인데, 같은 주전자를 전에 인터넷 옥션에서 봤을 때 확실히 그보다는 비쌌기 때문이었다고 한다. 내가 사겠다고 하자, 조금 깎아볼 요량으로 주인에게 다시 한번 가격을 물었다가 아네뜨는 깜짝 놀랐다. 주인이 말한 2.5는 2,500이 아니라 250이었기 때문이다. 아네뜨는 주인의 마음이 바뀌기 전에 서둘러 모든 일을 마무리했다. 포장하면서 주인과 몇 마디 더 주고받았는데, 아네뜨가 보기에 주인이 새로 들어온 물건들을 정리하느라 정신이 없던 차에 가격을 잘못 부른 것 같더란다. 주인도 자신이 가격을 너무 낮게 책정했다는 것을 어렴풋이 느꼈지만 동네에서 보기 드문 검은 머리 여자애가 주전자를 몹시 좋아하는 눈치여서 대충 팔고 말았다는 이야기다.

쥴리는 '거봐, 아네뜨는 마켓에서 절대 지지 않아'라는 듯한 눈빛을 내게 보내며 "비가 행운을 가져다주었네? 비가 오지 않았다면 그 가게에 들어가지 않았을 테니까"라며 커피를 홀짝였다. 득템의 현장에 함께하지 못한 아쉬움도 곁들이면서. 무슨 일이 일어나고 있는지도 모른 채 좋다고 하니 사고, 돈 내라고 하니 냈을

뿐인데 큰 횡재를 한 나는 여전히 어리둥절할 뿐이고.

아네뜨는 집에 도착하자마자 자기 방으로 후다닥 올라가 컴퓨터를 켜더니 주전자의 중고 거래가를 확인했다. 에릭 마그누센 Erik Magnussen의 제품인 이 주전자는 상태에 따라 다르지만 대체로 3,000크로네(약 50만 원)를 웃돌고 있었다.

"게다가 네 것은 세트이기 때문에 더 좋은 값을 받을 수 있을 거야. 시간이 가도 값은 절대로 떨어지지 않아." 아네뜨가 귀띔했고 나는 고개를 아주 크게 끄덕끄덕했지만 주전자를 처분할 일은 없을 것이다. 우리 집 선반에 원래 있었던 것처럼 두었다가 적당한 때에 적당한 사람에게 물려주겠다고 결심했다. 과연 언제, 누구의 손에「비가 데려온 행운의 주전자 이야기」가 건네질지 퍽 기다려지기 시작했다.

+
아네뜨로부터 _
저는 이날 녹색 램프를 샀습니다. 전등 갓을 만들어 씌워 더 좋은 값에 팔 계획이랍니다. 썸머가 구매한 유리접시(왼쪽 페이지 사진)는 원래 무늬가 없거나 다른 색상으로 생산되던 접시였어요. 2차 세계대전이 끝나고 전 유럽이 침울할 때, 삶을 재건하고 활기를 찾자는 캠페인의 일환으로 빨간 동그라미 라인을 넣어 디자인한 버전이랍니다.

++
쥴리로부터 _
동양적인 느낌이 나는 이 사발이 마음에 들어서 샀어요.

+

마켓에 다녀온 후, 혼자서 동네의 자선가게나 골동품가게에 자주 들렀다. 아네뜨와 쇼핑했던 기억을 되살려, 내 감각으로 가치 있어 보이는 것들을 신중히 골라와 아네뜨에게 펼쳐 보였다. 아네뜨는 찬찬히 둘러보고 각 물건에 관해 설명해 주었다. 누군가의 탄생지수를 찾아 오기도, 튼튼하게 짜인 스칸디 디자인의 커튼과 테이블보를 건져와 아네뜨에게 좋은 점수를 받기도 했다. 왼쪽의 자수는 그린란드의 지도를 수놓은 것(1963년 제작)인데, 쥴리와 아네뜨에게 가장 큰 호응을 얻은 발견이었다. "이런 걸 도대체 어디에서 찾아낸 거니? 정말 귀한 것을 발견했구나!" 아무렴. 나는 아네뜨의 마켓 수제자인걸!

Dear Summer,
 Many Warm
It was definite[ly]
2016 that I g[ot]
came to visit
memories fro[m]
see you in S[...]
 I made this
your 'honey[...]
The card I b[...]
in the old p[...]
walked the na[...]
 I hope you

Dec. 2018

New Year Greetings to you!
... one of the nicest things in ...
... to meet you & that you ...
... in Copenhagen — I have very nice ...
... that. I hope I can come to ...
... in the future.
... little winter present to match ...
... -bag :) hope it fits you.
... ght from a local photographer ...
... of Helsingør, where we ...
... row streets in autumn.
... well — take care & let's stay in touch

Hugs & kisses

돈 무리, 비 해피

 덴마크의 여름은 우리로 치자면 가을처럼 꽤 선선하다. 아네뜨는 캠퍼에 도톰한 이불과 직접 뜬 양말, 쥴리의 할머니가 입던 울 가디건을 비치해 주었다. 그것을 신고, 입고, 덮고 포근한 밤을 지내는데 어제처럼 비가 밤새 온다면 기분이 최고다. 노오란 커튼에 둘러싸인 침대에서 빨간 이불을 한껏 당겨 덮는다. 비는 내 얼굴 위 60센치 근방까지 떨어진다. 그렇게 가까운 빗소리를 듣고 있자면, 그대로 잠들어 있을 수 없다. 한참 빗소리에 젖어든 채로 잠이 들었다가 깨면 볕은 쨍한데 공기는 자못 알싸한 아침이 와 있다. 알람도 없고 누군가 깨우지 않아도 비슷한 시간대에 일어나진다.
 나는 부스스한 채로 집으로 들어가 2층의 욕실에서 간단히 샤워를 한다. 이쯤 되면 욕실 옆에 붙어 있는 아네뜨의 방에서 헤어드라이어 소리가 들린다. 쥴리는 그의 애견, 메시와 산책을 하고

있을 때다.

대충 씻고는 1층으로 내려가 아네뜨의 부엌에서 냉장고며 선반을 뒤져 그날그날 있는 재료로 아침을 먹는다. 마른 빵을 손바닥만 하게 잘라 스프레드나 샐러드를 얹어 먹는 오픈 샌드위치를 만들거나, 우유와 요거트에 뮈슬리를 가득 담아 푹푹 떠먹는다. 그즈음 2층의 복도에서 탁탁탁 아네뜨의 가죽실내화 뒤축 소리가 들린다. 그러면 나는 식사를 대충 마치거나, 남은 것을 들고 나의 아늑한 호텔로 옮겨와 식사를 이어가곤 한다.

지금 한국은 저녁이다. 한국의 뉴스를 훑기도, 나보다 8시간 먼저 산 친구들과 안부를 나누기도 한다. 기지개를 쭈욱 켠 후 카메라를 들고 쫄래쫄래 집으로 들어가 거실로 향하면, 그제야

우리는 서로의 얼굴을 본다. 늘 오전 10시가 약간 넘어 있다. 그때까지 서로의 소리를 듣고 인기척을 느끼고 있지만, 프로젝트를 위한 시간이 아니면 우리는 서로에게서 충분히 떨어져 있다. 누가 그러자고 한 것도 아닌데 암묵적으로, 자연스럽게 그렇게 된다.

하루에 한 가지 이상의 것을 하지 않는 일정도 그렇다. 오늘 허니쟈 이야기를 나누고 사진을 찍었다면, 내일은 할아버지의 유품을, 다음 날은 아네뜨의 가족사진을 본다든가 하는 식이다. 우리의 일정은 오후 5시면 끝났고, 간단한 저녁을 지어 함께 혹은 따로 먹은 후, 곧장 각자의 공간으로 흩어져 각자의 시간을 가진다. 누가 뭐라 할 것 없이 이 정도면 '충분하다'고 여긴다. 나는 줄리와 아네뜨가 내어주는 정도에, 그들은 내가 받아들이는 정도에 만족한다. 취향이 같거나 목표하는 바가 비슷한 사람끼리 친구가 된다는데, 우리 셋은 만족의 지점이 비슷해 친구가 된 듯도 하다.

어제 그제 마켓일로 분주했으니 오늘은 서로에게 휴일을 주기로 했다. 작년에 스반홀름 농장에서 지낼 때, 하루는 누군가의 생일파티를 했는데, 자정 즈음 해산하면서 농부팀의 책임자가 "내일 오전 업무는 쉽시다." 했던 일이 기억난다. '노는 것도 일이다. 놀았으니 쉬자'는 거다. 한국에서 〈돈 무리, 비 해피~〉를 신조로 여기고 사는 나로서는 이곳에서도 별다른 변화가 없다. 캠퍼에 돌아와서 오늘 찍은 사진을 노트북에 옮겨 담는 일 정도 외엔 딱히 일을 벌이지 않고 이불 속으로 쏙 들어가 눈만 깜박거리는 시간을 갖는다.

 내 나이대면 지금쯤 한창 몰아쳐 일하고 자리를 잡을 시기, 어찌된 일인지 내 일상의 그물코는 더 성글어지는 것만 같다. 6년 전 캠프힐을 다녀온 후 확실히 그렇다. 조금 덜 완벽하게, 조금 덜 열심히… 한국에 돌아온 후 회사와 가족에서 완전히 벗어나 이렇게 저렇게 살아보며 6년을 지내는 동안, '이래도 되는걸까?' 모아둔 도토리 하나 없이 겨울을 목전에 둔 다람쥐의 마음이 될 때도 왕왕 있다.

 그럴 때면 내 인생의 도토리는 무엇인지 다시 생각해보는 것 외엔 불안을 잠재울 방법이 없다. 때마침 이 먼 곳까지 나를 찾아온 신용카드사용내역 이메일은 애써 모른 척하고, 대신 어떤 도토리가 나의 굴에 있는지 떠올려본다. 분명 있었는데 어느덧 사라진 도토리도 추억한다. 한 알, 한 알… 마음이 벅차기도 애가 저리기도 한다. 캠퍼 천정에 도토리들이 가득 그려질 즈음, 쥴리로부터 문자메시지가 도착한다.

 「썸머, 엄마랑 정원에서 뜨개질하고 있어. 양말 뜨기 배우지 않을래?」

*외할머니 커스틴 방식의 양말뜨기

베를린행 버스에서 쥴리를 처음 만났을 때, 이 집에서 아네뜨를 처음 만났을 때 둘 다 뜨개질감을 손에서 놓지 않았다. 쥴리는 독일에 사는 친구 생일파티에 가는 길이었는데 생일선물로 양말을 뜨고 있었다. 아네뜨의 엄마가 뜨던 방식을 아네뜨가, 쥴리가 이어 뜨고 있다. 쥴리는 그림까지 그려가며 내게 설명해 주었지만, 나에겐 이것이 뜨개질인지 양자역학인지… 나 대신 누군가가 쥴리 집안의 뜨개비법을 전수받아 주길 바라는 마음으로 여기에 레시피를 정리해 둔다.

사이즈 : 36-38(한국 사이즈 230mm~240mm)
뜨개바늘 : 장갑바늘(양쪽 끝이 뾰족한 바늘) 3mm
털실 : 2.5mm~3mm 바늘용으로 80g

1. **시작** : 3개의 바늘에 18코씩 나누어 총 54코로 시작한다.
2. **고무뜨기** : 고무뜨기(겉뜨기 1코, 안뜨기 1코)로 원하는 길이만큼 14~18단 정도 원통을 뜬다.
3. **뒤꿈치에서 입구** : 원하는 길이만큼 겉뜨기로 원통 뜨기 한다. 중간 길이는 50~60단 정도이다.
4. **줄무늬** : 줄무늬를 원한다면 한 바퀴를 뜬 후, 양말의 뒷부분에서 색을 바꾸어 준다. 색이 바뀌는 부분의 실이 너무 느슨하지 않도록 주의한다.
5. **뒤꿈치** : 코 나누기를 한다. 앞부분에 26코를 남기고, 바늘 2개에 각각 14코씩 끼운다. 양말의 앞부분(발가락 부분)이 될 26코를 남겨 두고, 뒷부분에 해당하는 28(14X2)코만 겉뜨기한다. 왕복뜨기 8단을 한다. 겉면은 겉뜨기, 뒷면은 안뜨기를 하면서 28코

를 8줄 뜬다.

6. 코 줄이기 : 각 줄의 양 끝부분에서 2코를 모아 뜬다. 뒷면을 뜰 때는 첫 번째 코를 걸뜨기 한다. (오른 쪽 바늘에 겉뜨기하듯이 코의 왼쪽으로 넣어서 오른쪽 바늘로 옮긴다.) 28코가 14코가 될 때까지 반복한다.(양 끝이 7코씩 줄어든다.)

7. 코 늘이기 : 겉면을 뜰 때 양쪽 끝을 1코씩 늘려간다. 사선의 각 끝에서 코를 집어 새로운 코를 만든다. 새로운 코는 경사면에 균일하게 오도록 배치한다. 뒷면을 뜰 때는 코를 늘리지 않고 뜬다. 7회 반복해서 뜨고 총 28코가 되게 한다. 양 끝 매듭 부분에서 코를 주워 수직면에 코를 만들면서 겉뜨기한다. 이 작업을 겉면에서 4회 반복하고 뒷면을 뜰 때는 코를 늘리지 않는다.(양쪽 4코씩 총 8코를 늘린다.)

이제 양말의 뒤꿈치 부분에는 2개의 바늘에 각각 18코씩 총 36코가 있다. 양말의 앞부분에 남겨두었던 26코와 함께 겉뜨기하는데 이 3개의 바늘로 원통 뜨기를 한다. 총 62코를 5단 겉뜨기로 뜬다.

8. 뒤꿈치의 양 옆 코 줄이기 : 18코가 걸려 있는 바늘의 끝(양말의 양옆 부분에 해당)에서 2코를 함께 뜬다. 다음 26코(양말의 앞부분)를 겉뜨기한다. 18코의 다른 바늘의 시작 부분에서 2코를 함께 겉뜨기한다. 다음 2단은 코를 줄이지 않고 겉뜨기한다.

다시 위처럼 두 바늘의 끝에서 코를 줄이고, 다음 2단은 코를 줄이지 않고 뜬다. 이것을 4회 반복한다. 그럼 총 8코가 줄어들어 시작할 때와 같은 54코가 된다. 이 54코를 18코씩 3개의 바늘에 나눈다.

9. 발 : 발 크기에 필요한 만큼 여러 단을 뜨는데 발가락 부분은 남기고 겉뜨기한다. 36단을 뜨면 발 사이즈 37-38 정도가 된다.

10. 발가락 : 18코가 있는 각각의 바늘에서 2코씩 줄여 준다. 겉뜨기 7코를 뜨고 2코를 모아뜬다. 다시 겉뜨기 7코를 뜨고 2코를 모아 뜬다. 3개의 바늘에 있는 코를 모두 이런 방식으로 뜨면 가 바늘에 16코가 남는다. 다음 단을 코를 줄이지 않고 뜬다. 그다음 단은 겉뜨기 6코를 뜨고 2코를 모아 뜬다. 그러면 바늘 당 14코가 된다. 이런 방식으로 계속 코를 줄여간다. 각 바늘에 4코가 남을 때까지 계속한다. 다 뜬 후 코 마무리를 위해 바늘에 남아 있는 코를 실에 통과시켜 잡아당긴다.

11. 마무리 : 양말 안쪽에서 실을 당겨 매듭짓는다. 만약 뒤꿈치 부분의 코가 느슨해 작은 구멍이 생겼다면 뒷면에서 꿰맨다.

좋아하는 일이 삶을 밀고 나간다

  이 집에서 가장 큰 비중을 차지하는 공간은 거실이다. 그중에서 가장 큰 비중을 차지하는 것은 아네뜨의 주얼리 작업대다. 앉으면 두 다리가 대롱대롱 뜨는 높은 의자와 커다란 돋보기, 조명, 묵직한 망치나 펜치 따위 각종 공구가 늘어서 있는 모습이 작은 대장간이나 공장 같다.

  아네뜨는 최근 몇 년 동안 주얼리 작업을 하지 못했다. 결혼하고 두 아이를 키우면서도 열여덟 살 때부터 쉬지 않고 금속을 주물러온 일흔둘의 주얼리 디자이너, 그에게 왼쪽 고관절이 이상 신호를 보내왔기 때문이다. 곧 수술에 들어갔고 회복에 긴 시간이 들었다. 그동안 옌스는 나서서 청소며 빨래, 요리까지 모든 집안일을 도맡았다.

  작년, 우리는 포토북 프로젝트를 하자는 결정은 신속하게 했지만, 실제 실행 시점을 잡는 데는 꽤 긴 시간이 걸렸다. 오른쪽 고관절마저 수술해야 할지도 모른다는 의사의 진단이 있었기 때문이다. 쥴리는 페이스북 메시지를 통해 아네뜨의 건강 상태를 수시로 업데이트해 주었다. 나는 마치 수술실 밖에서 의사를 기다리는 보호자의 심정으로 몇 주를 보냈다. 마침내 수술이 아닌 적당한 처치를 받기로 했고, 아네뜨가 사진을 찍는 데 무리가 없겠다는 판단을 스스로 내렸을 때 우리는 구체적인 일정을 잡았다. 모든 것이 아네뜨를 중심으로 진행되는 일이기 때문에 그의 컨디션이나 사정에 무리 되는 상황은 만들지 않기로 했다. 스튜디오 촬영도 아니고 아네뜨의 집에 머물며 그의 생활 속에 깊이 들어가야 하는 만큼, 그의 에너지와 여유가 확보되어야 가능한 일이었다.

시커먼 DSLR 카메라를 들고 이 방, 저 방 돌아다니며 사진을 찍어대는 아이의 존재가 익숙해질 무렵 아네뜨는 작업대 앞 의자에 앉았다. 그는 뜨개질과 정원 가꾸기, 요리, 가족 등에 관해 이야기하면서도 줄곧 프로페셔널한 모습도 보여주고 싶어 했다.

아네뜨는 펜치로 금속을 절단하고 구부리고 두드려 펴고 불을 이용해 접합하는 동작을 여러 차례 반복했다. 작업 사이사이 약품이나 불꽃에서 고약한 냄새가 났지만 아랑곳하지 않았다. 가녀리고 귀엽기만 하던 그가 망치를 들고 쇳덩이를 주무르거나, 아무렇지도 않다는 듯 공업용 토치의 커다란 불꽃을 상대하는 모습은 듬직한 대장장이와도 같았다.

"몇 년이나 일을 못 했는데 바로 어제 같은 기분이 들어. 내가

무얼 가장 좋아하는지 저번에 물었었지? 그때 뜨개질이라 대답했지만, 아무래도 내가 가장 좋아하는 건 내 일이야."

아네뜨의 현란한 퍼포먼스에 정신을 놓고 사진을 찍는 동안 어느새 자그마한 펜던트가 완성되었다. 지름 0.5센티미터의 동그란 은색 고리 안에 푸른색 돌조각같은 것을 집어넣은 간결한 디자인이었다.

"이 조각은 작년에 아빠랑 일본 여행 갔을 때 해변에서 주워온 거야. 도자기나 벽돌의 파편 같지?"

줄리가 나서서 펜던트의 돌조각과 비슷한 것을 몇 개 더 보여주었다. 파도가 어루만져 테두리가 맨들맨들해진 동전만 한 돌조각 대여섯 개. 일본여행에서 돌아와 코펜하겐 아파트의 창가에 은색 쟁반을 두고 그 위에 돌을 장식해 놓았는데, 엄마가 보더니 간식거리를 탐내는 아이처럼 자기에게 꼭 달라며 보챘다고 한다. 당연히 엄마에게 줄 생각으로 주워왔지만, 그런 엄마를 보니 "안돼. 다 내거야"라고 장난치지 않을 수 없었다고 줄리는 말했다.

쥴리의 아파트를 처음 방문했을 때, 이 돌조각을 본 기억이 확실히 있다. 쥴리와 나는 같은 물건을 보고 같은 행동을 하는 사람이었다. 이탈리아 아말피 해안에 푸로레 Furore라는 작은 마을이 있다. 지중해를 면한 가파른 절벽 틈바구니에서 포도를 심고 사는 마을로, 화이트 와인이 맛있기로 유명하다. 그곳에서 며칠을 보낼 때 절벽 꼭대기에서 해변까지 아슬아슬한 해안도로를 차로 달려 내려가 보았는데 세상에, 검은 모래 해변, 핑크 모래 해변, 자갈 해변 등등 별별 해변을 다 보았지만 모래 반 도자기 조각 반인 해변은 처음이었다. 누구네 집을 장식하던 타일이었을까, 어느 집 물항아리의 손잡이였을까, 이제는 알 수 없는 색색의 도자기 조각들이 가득했다. 맨발로 밟아도 안전할 정도로 모두 테두리가 깎여 있었다. 나는 그것을 두세 주먹 주워 한국에 가져왔고 화장실 세면대에 모자이크처럼 올려두었다. 우리 엄마가 본다면 "너는 참 이상한 애다. 쓸데도 없는 걸 무겁게 왜 주워오니?"라며 분명 핀잔을 주었을 테다. 이제 나는 "엄마! 여기 이상한 사람들 더 있어!"라고 말할 수 있다… 고 쥴리의 창가에 서서 생각했던 기억이 확실히 있다.

아네뜨는 작업대를 정리하며, 자신의 이름이 금박으로 새겨진 자그마한 검은 상자에서 암모나이트처럼 생긴 돌멩이를 꺼내 보여줬다.

　"스웨덴 해변을 산책하다가 발견한 산호 화석이란다. 이것으로 아주 특별한 것을 만들 계획이야."

　아네뜨는 화석을 다시 상자에 소중하게 담아 재료 서랍에 넣었다. 아네뜨의 거실 벽면 하나에는 자그마한 서랍이 수십 개 달린 수납장이 자리하고 있다. 마치 한약방의 약재 서랍처럼 말이다. 그 안에는 와글와글 사연을 담은 돌들이 가득가득하다. 달라는 대로 다 내어줄 것 같은 인상 좋은 은발의 할머니가 일의 재료감을 모으는 일에서는 맘껏 욕심을 부리고 있었다.

+
18살의 아네뜨가 보석디자인학교를 다니며 만든 작품.

+
육중한 모루. 금은세공업자들이 쓰는 도구다. 할아버지의 은제품 공장에서 쓰이던 것을 손녀 아네뜨가 물려받아 쓰고 있다.

+
아네뜨로부터 _
꼭 보석이 아니어도 돌조각이나 산호처럼 일상에서 발견한 소재를 활용하기를 좋아합니다. 어디에서도 같은 것을 찾을 수 없는, 자기만의 작품이 될 수 있으니까요.

++
아네뜨는 무채색이나 톤이 낮은 색감의 단순한 드레스에 직접 만든 브로치 하나를 포인트로 다는 것을 즐긴다.

+++
검은 드레스에 달려있는 직사각형 브로치는 아네뜨가 가장 좋아하는 작품.

엄마, 여기 이상한 사람들 더 있어

2년 전, 이 집에 처음 왔을 때 나는 사진을 거의 찍지 않았다. 첫째로는 아네뜨의 비주얼에 정신이 혼미했고, 둘째로는 스반홀름에서 주의를 받았던 일이 번뜩 떠올랐기 때문이다.

스반홀름은 다양한 직업을 가진 사람들이 시골에 옹기종기 모여 사는 공동체인데, 이 공동체라는 것이 우리가 생각하는 그것과는 짐짓 다르다. 시골의 공동체라 하면 허물없이 서로의 집에 드나들고, 숟가락 수가 몇 개인지 다 알도록 어울렁더울렁 느낌인데, 덴마크의 공동체는 사생활을 철저하게 보호한다. 싱글부터, 커플이나 부부, 아이 동반 등 다양한 형태의 가정이 들어차 있고, 커다란 공동식당에서 함께 만든 음식으로 함께 밥을 먹고, 공동체 내 유치원에 아이를 보내고, 각종 계절 행사도 함께 치르지만, 서로의 집에 방문하는 경우는 드물다. 스반홀름의 집은 공동체의 소유이고, 한 건물의 옆방에 살아도 들여다보는 일이 잘 없어서 서로 어떻게 사는지, 거의 알 수 없다고 한다.

그런 공동체에 5년에 한 번 재밌는 행사가 열린다. 〈하우스 투어〉라는 것인데, 아침에 모여 다 함께 좀비의 움직임 같은 체조를 하고, 평소보다 좋은 식사를 제공받은 후 남의 집에 차례차례가 보는 것이다. 어떤 집은 커뮤니티에서 몇 킬로 떨어져 있어서 자전거를 타고 이동하기도 했는데, 할아버지, 꼬마 할 것 없이 단체로 페달 굴리는 모습이 장관이었다. 뚜르 드 덴마크 Tour de Denmark랄까! 자전거를 타고 우르르 이 집에 가서 구경하고, 집주인이 마련한 케이크를 먹고, 다음 집 가서 노크하고 또 무언가를 얻어먹는 데에 하루가 종일 걸리는 행사였다.

덴마크 사람이라면 이른바 '북유럽 스타일'로 꾸미고 살 것 같지만 아니었다. 자유분방한 히피 스타일, 공붓벌레의 골방 스타일, 힙스터 스타일, 전형적인 농가 스타일 등등 거주자의 취향에 따라 몹시도 다른 꾸밈새, 라이프 스타일을 하고 있어서 무척 흥미로웠다. 나는 셔터를 쉴 새 없이 눌렀다.

나보다 먼저 자원봉사자로 와 있던 '요시'라는 일본인과 함께 다녔는데, 주인이 〈Private〉 딱지를 붙인 구역만 아니면 보이는 대로 사진에 담는 나와 달리 그는 조심스레, 몇 컷만 소심하게 찍었다. 그러면서 나에게 "썸머, 오늘 구경은 자유지만, 사진을 마구 찍는 건 삼가는 게 좋아. 덴마크에서는 좀…"이라며 조용히 주의를 주었다. 요시는 가구 디자이너로, 덴마크의 디자인회사에서 1년간 인턴 생활을 했던 터라 어느 정도 덴마크 문화를 알고 있던 것이다. 그때 흠칫하고 자중하기 시작한 뒤로 쥴리와 아네뜨의 집에 와서는 웬만해서는 카메라를 들지 않게 되었다. '사진을 찍어도 될지 물어볼까? 어색해하진 않을까?' 망설이기도 했지만 끝내 말을 꺼내지는 않았다. 렌즈를 거치지 않고 내 눈으로 담는 정도로 충분히 만족스럽기도 했다. 그런데 1년 후, 같은 장소에 와서 집 안 곳곳, 사람 각각을 마음껏 찍고 있다.

"어디든 좋아. 서랍을 죄다 열어도 괜찮아."

아네뜨는 환영 인사와 함께 내게 〈Press〉 명찰을 하사했고 나는 탐사 기자가 되었다. 지하 보물창고를 비롯해 아름다운 거실과 아네뜨의 불꽃 작업대, 아담한 정원과 요정이 살 법한 그린 하우스, 포근한 침실과 욕실까지 프리패스다. 우리는 사진을 위해 '설정'을 하는 일은 없었다. 아네뜨가 침대 정리를 하면 거기로 가서 빼꼼, 쥴리가 오믈렛을 만들면 또 거기로 가서 빼꼼하며, 엄마와 딸의 삶에 잠깐잠깐 들어갔다 나오는 사진 놀이를 했다.

당장 보이는 것을 찍은 후에는 '뭐 재밌는 것 없나?' 하며 여기저기 헤집고 무언가를 발견한다. 거실처럼 남들에게 공개된 공간이 아닌, 침실이나 욕실 같은 일상의 장소는 더욱 좋다. 쓰던 대로 놓여있는 물건에서는 쓰는 사람의 습관이나 양식이 고스란히 보인다. 큼직한 비누와 수건, 욕실 타일의 색감… 아무것도 아닌 것들의 아름다움이 낯선 사람에게 걸려든다.

하루 일과가 끝나면 캠퍼로 돌아가 그날 찍은 사진 중 대표적인 것을 몇 개 골라 쥴리의 이메일로 보내둔다. 날이 밝고 세 사람의 눈이 마주치면 "어제 사진 잘 봤어. 정말 좋더라. 그게 그런 사진이 될 줄은 몰랐어"라는 아네뜨의 놀라움과 감사의 멘트로 하루가 시작된다.

그는 특히 책상 위 소품을 찍은 사진에 크게 감동했다. 민트색, 주황색 틴 케이스 몇 개와 한 여인의 흑백사진 액자를 담은 것이었다. 찍을 때는 몰랐는데 그 여인은 줄리의 탄생자수에도 등장하는 아네뜨의 엄마, 커스틴이었다. 늘 보던 것인데도 사진 속의 사진이 되어 있는 엄마를 보고 아네뜨는 왈칵했던 모양이다.

침실 구석에 놓여 있던 바구니와 그 안의 옷걸이를 찍은 사진도 무척 좋아했다. 옷걸이에 색색의 플라스틱 코일을 감아 다양한 패턴을 만들어 낸 것인데 옛날 요양원에서 어르신들이 소소한 놀이 겸 용돈벌이로 많이 만들었다고 한다. 어르신들의 창의력과 손재주 덕에 평범한 옷걸이가 단 하나뿐인 멋진 디자인 소품이 되었다. 나는 바구니째로 거실로 들고 내려가 검은 카펫을 배경지 삼아 옷걸이를 뿌려놓고 하나하나 사진을 찍었다. 두세 개를 엮어서 찍기도 하고 배치를 요리조리 달리해 찍기도 했다. 이 집에 머문 기간을 통틀어 아네뜨는 이날의 내 모습을 가장 흥미롭게 여겼다.

"어쩜 이런 걸 찍을 생각을 했니? 어릴 적부터 이런 놀이를 하고 자랐니?"

아네뜨는 내게 이야기를 청하며 부모님이나 형제도 예술 계열

+
아네뜨로부터 _
나의 어머니 커스틴. 아버지가 예술가로서 특출난 사람이었다면, 어머니는 자애로움과 지성, 환상적인 요리솜씨로 사람들을 매혹시켰습니다.

의 일을 하는지 물었다. 어떤 환경에서 자랐길래 이런 깜찍한 짓을 하는가 싶었던 모양이다. 자신의 가족이 대대로 비슷한 성향을 물려받아 재능을 발현하다 보니 우리 집안에도 유사한 역사가 있을 거라고 생각한 듯하다. 아네뜨의 예상은 어긋났다. 나는 우리 가족에서 유일하게 이런(?) 일을 하는 사람이다. 아쉽게도 어쩌면 다행히도.

부모님은 회사에 다니다 사업을 했고, 남매들도 평범한 일을 한다. 나는 어릴 때 미술과 책읽기, 글짓기를 좋아했지만 미대를 가거나 글로 직업을 삼는다는 것은 상상을 못 했다. 꼬마 때부터 그림을 좋아해 중고등학생이 되어서도 일요일에 스케치북을 들고 학교에 가서 빈 교실이나 운동장에서 그림을 그리다 오곤 했는데, "그림은 아이들이나 그리는 거야. 그만두고 공부를 해"라는 말을 들었다. 그림책을 읽고 있으면 "얘는 이상한 애야. 다 큰 애가 아직도 그림책을 보니?"라거나 일상에서 이런저런 사진을 찍으면 "도대체 뭘 찍니? 아무것도 아닌 걸 찍어서 어디에 쓴다고. 하여간 별난 애야"라는 말을 들었다.

그런 식이었다. 한글을 뗀 후로는 방에 틀어박혀 책만 읽어서인지 또래들이 참가하는 글짓기 대회에서 곧잘 상을 받아오곤 했다. 그럴 때도 가족으로부터 "우리 셋째 딸은 국문과에 가면 좋겠구나"라든가, "소설가가 되어보는 건 어때?"같은 격려는 듣지 못했다. 글짓기 재능은 아빠가 회사를 다닐 때 상관 자녀들의 독후감 숙제를 대신하는 것에 쓰였다. 글짓기를 마친 원고지를 그

댁에 직접 가져다주고 오라는 심부름도 종종 했는데 그때마다 예쁜 사모님들이 화사하게 웃으며 쥐여주던 천 원, 이천 원을 원고료라 해야 할지, 배달료라 해야 할지 아직도 모르겠다. 머리가 굵어진 내게 부모님이 더는 남의 글짓기를 시키지 못하게 되었을 때 나는 책읽기를 끊었다. 잘하고 좋아하는 일이 삶을 밀고 나간다는 것을 알지 못했다. 나는 장래희망이 없는 아이로 자랐다.

지금 하는 일을 인정하고 진심으로 지지해 주는 사람들과 함께한 지 얼마 되지 않았다. 10년 가까이 만났던 연인도 부정하곤 했으니까. 그림을 그리거나 조물조물 수공예를 하고 있으면 그만두고 '진지한' 일을 하라 했다. 나의 취향은 잠시 일탈 내지 장난으로 취급받았다. 가까운 사람일수록 그랬다. 환영받지 못한 꿈은 꾹 누르고 보통의 학생과 보통의 직장인으로 살았다. 사람들

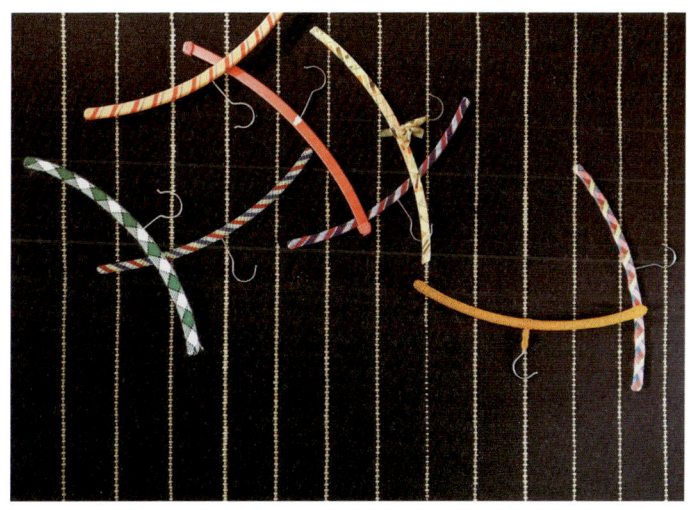

과 몸은 가까웠지만 마음은 멀었다.

  신체적인 한계도 있었다. 내 왼쪽다리는 열살 때 골절사고를 겪은 후 오른쪽다리와 다르게 자랐다. 성인이 되어 수술을 거쳐 정상인의 70% 수준으로 끌어올리기까지 20년 정도 제대로 걷지 못했다. 체육시간에는 교실이나 운동장 스탠드를 지키는 아이였다. 점심시간에 친구들이 삼삼오오 모여 하던 각종 게임의 룰을 나는 전혀 모른다. 대신 '가만히 있는 것'에 익숙하고, 그것을 잘 했다. 가만히 있으면 많은 것이 보인다. 아무도 신경 안 두는 곳에 놓인 아무렇지 않은 물건도 가만~~~히 보면 귀엽기도 구슬프기도 대견하기도 안쓰럽기도 한 면을 가지고 있다. 검정 카페트 위 어르신들의 옷걸이도 그렇게 가만히 보면 각자의 표정과 이야기가 비친다.

캠프힐에 간 것은 수술 후 2년째 되던 해, 10여 년간 만났다던 아까 그 사람과 헤어지고 나서였다. 아일랜드 날씨는 우중충하고 시간은 많은데 친구는 없고 영어도 못하고 생소한 생활에 서럽던 나날… 밤마다 혼자 숙소에서 우는 것도 질려서 캠프힐 외톨이 생활에 대한 글을 블로그에 게재했고, 캠프힐 동료들의 평소 행동을 가만히 보았다가 캐리커처를 그려서 머쓱하게 선물한 순간이 전환점이었다. 모니터 저쪽에 있는, 얼굴도 모르는 사람들의 공감과 격려, 자신의 캐리커처를 보고 뛸 듯이 기뻐하던 캠프힐 동료들… 그것들이 나를 지금, 여기로 데려왔다.

나는 우리가 서로 비슷하지만 사실은 매우 달라서 재회할 수 있었다고 생각한다. 쥴리와 내가, 아네뜨와 내가 너무 다르게 자랐기 때문에 자석의 반대극처럼 끌렸을 지도 모른다. 이 여행은 내 인생에서 얻지 못한 어떤 것을 본능적으로 감지하고 찾아온 길이다. 여기에서 나는 어릴 때 가지지 못한 장난감을 가지고 안전하게 놀고 있다. 같은 놀이를 좋아하고, 서로 지지해주는 사람들과 함께.

아네뜨는 어린 썸머와 어른 썸머의 이야기에 별다른 유감을 보이지 않았다. 다만 나중에 쥴리에게 묘한 말을 하나 건넸고 쥴리는 그것을 내게 전했다. 아네뜨의 말이 나를 어디로 데려갈지, 나는 놀이터 복판에 앉아 그것을 가만히 생각했다.

+
"쥴리, 이 아이가 스칸디 나라에 태어났다면 어떤 작품을 만들었을까? 과연, 어땠을까?"

사랑을 담아, 아빠가

"썸머. 특별한 것은 아닌데, 이런 것도 관심 있니?"

아네뜨가 두꺼운 성경책만 한 상자를 가져왔다. 그 안에는 다양한 디자인의, 낡은 엽서가 가득했다. 풍경도 있고 명화나 제품 사진도 있었다. 보내는 사람은 모두 아네뜨의 아빠, 어위였다. 받는 사람은 모두 어위의 딸, 아네뜨였다.

산업디자이너였던 어위는 업무차 해외 출장을 많이 갔을 테고, 전시를 위한 여행도 빈번했을 것이다. 그때마다 기념 삼아 딸에게 한 장씩 보냈을 엽서로 보였다.

지금은 외국에 있다 해도 SNS로 항상 이어져 있어서 그다지 헤어진 느낌이 나지 않지만, 손바닥만 한 종이 한 장, 이국적인 우표와 소인, 익숙한 손글씨 안부가 주는 기쁨은 보내는 쪽에게도 받는 쪽에게도 보통 큰 것이 아니다. 나는 평소에 일기도 쓰지 않고 메모 하나 잘 하지 않는 편이지만, 유럽 여행을 하면서부터는 친구나 나 자신에게 엽서를 꼭 보낸다. 아무 엽서나 보내는 것이 아니라, 받을 사람과 접점이 있는 엽서를 발견해서 보내는 것이 포인트다. 베이커리 사진 엽서를 발견하면 빵이라면 사족을 못 쓰는 드로잉 꼬꼬마 은실에게 보낸다든가, 이발소 사진 엽서는 단골 미용실 선생님에게 보내는 식이다. 엽서를 보내고 싶은 사람이 있는데 딱 어울리는 엽서를 통 찾을 수 없으면 골치 아프지만 제대로 해야 재밌다.

지역적인 측면으로 보자면, 이탈리아에서 엽서 보내기가 최고난도의 퀘스트, 끝판왕이다. 특히 시골마을을 여행하다 보면 더욱더 그렇다. 우체국 건물이 버젓이 있음에도 운영 중지이거나, 운영하고 있음에도 운영 시간보다 휴식 시간이 더 길다. 그마저도 툭하면 무슨 무슨 성인의 축일이라며 화끈하게 닫혀 있기 일쑤!

요약하자면 오늘 쓴 엽서는 오늘 못 부친다. 여기에서 쓴 엽서? 여기에서 못 부친다. 운 좋게 부치기에 성공했더라도 장차 태연히 일어날 도난과 분실의 허들은 또 어찌 넘을 텐가. 아니 그 전에, 우체국 창구 직원의 게으르고 불성실한 태도에 질려 빡침을 동반한 급성 고혈압, 그러니까 한국형 화병이 도질지 모른다. 그러니 이탈리아에서 가는 곳에서마다 엽서를 부치겠다는 낭만적인 프로젝트를 계획하고 있다면 여행자 보험을 필히 드는 것이 좋다.

이탈리아 고발은 그만하자. 어차피 그들은 나아질 생각이 없을 테고, 어차피 우리는 그럼에도 불구하고 아름다운 그 나라에 갈 테니까. 본론으로 돌아와, 나는 그동안 보냈던 엽서와 받던 사람의 얼굴들이 떠올라 빙긋빙긋 웃으며 어위의 엽서를 살펴보았다. 앞면의 그림을 먼저 보고 뒷면의 글씨를 읽었다. 엽서는 어위의 성실한 필기체로 빼곡했다. 덴마크어라 내용은 알 수 없지만 발신국을 보고 싶었다. 세계 여행이 흔치 않던 시절, 어위가 어느 나라에 갔었는지 보는 것도 재밌으니까. 그런데 얼마 가지 않아 흥미로운 점을 발견했다. 실은 많은 엽서가 덴마크 국내에서 보낸 것이었다. 심지어 같은 도시에서 보내고 받은 엽서도 있었다. 아네뜨가 꼬마였을 때부터 보내온 엽서니까 같은 집에 사는 딸에게, 일상 속에서 엽서를 보냈다는 말이다. 더 재미있는 점은 어느 시점부터 엽서에 적힌 아네뜨의 이름이 옌스의 성을 따르고 있다는 것. 아네뜨가 결혼한 후에도 어위의 엽서는 계속 보내지고 있었다.

"맞아. 아버지는 어디 특별한 곳을 갔을 때만 엽서를 보낸 것이 아니란다. 동네에 있는 미술관에 새 전시가 열리면 가서 구경하고는, 박물관이나 갤러리엔 꼭 기념품점이 있잖니? 그곳엔 또 반드시 기념엽서가 있고. 그 엽서를 사서 전시 소감을 써 보내곤 했어."

전시회에 가 보면 깊은 영감을 받는 날도, 시시하다 싶은 날도 있다. 100년 전 사람 어위에게도 그런 날들이 있었다. 기록하기 좋아하는 어위는 아무리 작은 전시라도 관람 후기 남기기를 잊지 않았다. 책을 보았다면 서평을, 영화를 보았다면 감상평을, 물건을 샀으면 구매 후기를 꼭 남겼을 사람이다. 어위가 요즘 사람이었다면 근면한 블로거나 유튜버, 혹은 인스타그래머였을지도 모르겠다. 감상은 현장에서 수첩에 메모할 수도, 보이스 레코더로 녹음할 수도 있었다. 집에 가서 일기를 남길 수도 있었겠다. 허나 우리의 어위는 평범한 방식을 택할 사람이 아니다. 그는 가장 마음에 드는 엽서를 골라 딸에게 이야기하는 형식으로 자신을 남겼고, 딸에게는 세계를 보여주었다.

덴마크 코펜하겐에서 태어난 소녀는 무럭무럭 자라나 주얼리 디자인 학교에 입학, 공부를 마치고 디자이너가 된다. 학창시절에 만난 남자와 결혼해 두 딸을 낳으며 갈색 머리카락이 은색으로 변해가는 생을 보내는 동안 그의 우편함들에 아버지로부터 엽서가 꾸준히 배달된다… 는 장면이 영화의 요약본처럼 펼쳐졌다. 그때야 나는 알아차렸다. 그 소녀가 다 자라서 자신의 딸을 위해 33년간 수를 놓는 일이 아무렇지도 않았던 이유를.

아네뜨로부터 _

썸머의 요청을 받아 각별하게 느껴지는 엽서 3개를 골랐어요. 물론 덴마크어로 써 있기 때문에 쥴리가 영어로 번역해 보여 드립니다.

1971. Paul Klee, 'Villa R'(1919)(아래 좌측)

루이지애나 뮤지엄에서 파울 클레와 칸딘스키의 멋진 전시가 열리고 있단다. 이 파울 클레의 그림엽서는 북마크로 쓰거나 네 방 벽에 붙이면 좋을 것 같아. 오늘 볕이 참 좋아서 지금 Jeppe(반려견)와 숲에 나가려고 해. 사랑한다, 모두들.

Greetings to you from Louisiana Museum and the wonderful Klee & Kandinsky exhibition! Perhaps you can enjoy this 'Villa R' as a bookmark or on your wall. The sun is shining bright and now I'm off to the woods with Jeppe(the dog). Love to you all

1982. Vilhelm Hammershøi, 'Rest. Woman seen from back'(1905)(아래 우측)

네 엄마와 〈Art TODAY〉전시를 보러 미술관에 왔다. 자전거를 타고 숲을 지나 갔었는데 수사슴 무리가 으르렁거리고 있더구나. 사랑을 담아

Kirsten and I are here at the museum to see the exhition 〈Art Today〉. We went by bike through the forest, where we could hear the stags roaring. Love

2000. Vilhelm Lundstrøm, 'Still Life with White Jar, Orange and Book'(1932-33)(위)

오늘 국립미술관에 고야를 보러 갔었단다. 아쉽게도 고야의 드로잉과 동판화뿐이었어. (아마 덴마크에 고야의 그림은 없을 거야. 정말 보고 싶은데… 그 풍부한 색감이며, 드라마틱한 흑백이며…) 이것이 아빠가 고른 최고의 엽서란다. 네가 가졌으면 하고 보낸다. 사랑을 담아, 너의 아빠가

Today I'm at the National Gallery to see Goya, unfortunately 'only' his drawings and etchings (I don't think we have any of his paintings in Denmark, I really miss seeing them…so dramatic in black and white and such a richness of colour…). I thought this was the best postcard and wanted you to have it. With love from your father

모두가 같은 크리스마스를 갖는 것은 아니다

　아네뜨가 어떤 물건을 내오거나 내가 발견하면 쥴리는 그것을 거들떠보고 이야기를 들려준다. 언제 누구의 어떤 사연이 담겨 있는지, 다정한 설명을 듣고 난 후 물건을 도로 받아들고 이 집의 어디론가 데려가서 사진을 찍는다. 옌스가 마켓에서 사 온 낡은 테이블에 놓기도, 볕이 좋을 때는 정원 잔디에 두고 찍기도 한다. 자기 일을 보며 오가던 쥴리와 눈이 마주치면 서로 싱긋 웃어 보이고 각자 하던 일을 이어간다. 그런데 한번은 쥴리가 한동안 붙들고 놓아주지 않는 물건이 있었다.

　아네뜨가 가져온 노트 한 더미. 대학노트처럼 건조한 노트도, 십자수를 놓은 천으로 겉을 감싸 정성껏 간직한 노트도 있었다. 노트의 앞면엔 연도가 표시되어 있는데, 그중 몇 권은 페이지를 넘기면 종이가 바스러질 듯 몹시 오래된 것이었다.

　노트 안의 모습도 제각각이었다. 어떤 노트는 글씨만 빼곡하

고 어떤 것은 우표와 신문, 잡지에서 오려 붙인 그림들이 가득했다. 모두 크리스마스와 관련된 장식이었다. 덴마크인들이 너무나 사랑하는 덴마크 국기도 여기저기 붙어 있었다. 노트에는 매해 크리스마스에 어떤 에피소드가 있었는지 어떤 음식을 만들었는지(레시피 포함), 누가 어떤 선물을 바랐고 그래서 어떤 선물을 주고받았는지 등 세세한 기록이 여러 사람의 손글씨로 가득했다. 그런 노트를 아네뜨는 〈크리스마스 북〉이라고 불렀다.

  노트는 집 안의 어느 책장에 꽂혀 있다가 1년에 한 번, 매해 12월 말이 되면 꺼내어져 그 집의 크리스마스 모습을 담았다. 종이를 아껴 쓰느라 세로로 반을 접어 쓴 구간이 몇 년 이어지고, 글씨보다 그림 위주로 장식한 몇 년, 크리스마스 씰이 유난히 비중 있게 붙어 있는 몇 년 등등 몇 년씩 일정한 스타일로 장식되고, 스타일은 곧 변해갔다. 주된 작성자의 성격과 취향, 시대의 유행

에 따라 노트의 이미지가 변하는 것이다. 마치 미술이나 음악사조의 변화처럼.

쥴리는 그것을 보자마자 눈이 커지고 짧은 탄성을 내뱉더니 카우치에 앉아 한 권 한 권, 한 장 한 장 넘기기 시작했다. 유독 사랑했던 할머니, 많은 영향을 받은 할아버지, 아빠, 엄마 그리고 열 살 어린 여동생… 쥴리가 겪은 마흔 몇 번의 크리스마스 중 가족과 함께 한 날들이 거기에 있었다. 그가 태어나기 전 세대의 이야기도 빼곡했다. 아네뜨가 어느새 쥴리 옆에 와 있었다. 둘은 덴마크어로 추억을 늘어놓았다. 폭소가 터지기도 했고 새로운 기억을 발굴했는지 놀라기도 했다. 쥴리가 아네뜨를 바라보며 "내가 그랬다고요? 그런 일이 있었다고요? 정말?" 하며 눈을 동그랗게 뜨고 반문하는 포인트가 몇 번 있었다. 남은 페이지가 줄어들수록 엄마와 딸의 표정은 점점 아련해져 갔다.

한국에서 크리스마스란 기독교인이나 어린이가 있는 가족, 연인들의 이벤트에 가깝지 싶다. '24일과 25일, 그 하루이틀을 즐기는 기분'이다. 11월 말부터 크리스마스를 향해 내달리고 새해를 맞이하며 절정에 달하는 이곳과는 확실히 다르다. 이들에게 크리스마스란 하루가 아니라 '기간'이며, 그것도 '모두'가 당사자인 기간이다. 주변 사람들과 축하를 나누기 위해 시간과 돈을 쓰는 나날이 펼쳐진다. 더불어 '마음'이라는 것도 쓴다. 평소에 무뚝뚝하게 지나쳤던 사람들도 이 시기에는 인류애가 충전되어 누구와도 훈훈한 허그와 소소한 선물을 주고받는다. 그러고선 연초가 되면 다시 쌩~한 얼굴로 되돌아온다. '쨌든' 이 기간만큼은 보드랍게 지내자고 무언의 평화협정을 걸어 둔달까.

쥴리는 크리스미스 북의 재밌는 부분을 영어로 번역해 들려주었다. 쥴리가 열두 살 때 크리스마스 소원으로 〈이케아 가기〉를 적었다는 부분에서 우리는 한참을 웃었다. 최고는, 예상하셨는지 모르겠지만, 할아버지 어위의 소원이다. 엄격히 말하자면 당부내지 명령에 가까웠지만, 여하튼 어위다웠다. 〈XX의 엽서는 절대

사지 말 것!) 당시 어위가 싫어하던(=경쟁관계이던) XX라는 디자이너가 그림 엽서를 출시하자 할아버지는 가족에게 엄중하게 통보했다. 아무리 탐나는 엽서였더라도 가족들은 사지 않는 의리를 보였으리라. 크리스마스란 원수에게도 향기 좋은 샤워젤을 선물하는 때이니까.

유럽의 친구들이 "너희 나라에선 크리스마스를 어떻게 보내니? 가족을 만나러 가니?"라는 질문을 하면 나는 찌뿌둥한 표정이 되곤 했다. 우리 가족은 추석이나 설을 제외하곤 다른 명절을 챙기는 일도 없고, 토끼처럼 살갑게 둘러앉는 분위기도 없다. 크리스마스라 해서 딱히 색다른 기분을 낸 적이 없다. 친구들에게 전형적인 크리스마스 통신을 들으면 '좋네. 예쁘네'라는 마음은 들지만 화성에서 감자를 재배하는 사람의 이야기를 듣듯 실감은 나지 않았다. 그러던 것이 북아일랜드 캠프힐에서 크리스마스를 겪은 후 달라졌다. 지인과 카드를 주고받고, 귀여운 파티에 드레스 코드(주로 빨강)를 지켜 참석한다. 주로 드로잉 꼬꼬마님이나 그림일을 주셨던 의뢰처에서 파티를 열면 불러주신다. 그곳에서는 크리스마스 북에서 본 것처럼 케이크를 갈라먹고 선물을 교환한다. 연말의 소회도 새해의 축복도 나눈다. 이 정도가 요즘의 내가 들려줄 수 있는 크리스마스 이야기다. 나쁘지 않다.

엄마와 딸이 충분히 추억을 나눈 후 크리스마스 북이 내 손에 넘어왔다. 자! 어느 가족이 수십 년간의 크리스마스를 기록한 아름다운 노트가 당신 앞에 주어져 있다. 당신은 가장 먼저 무엇을 하겠는가?

감이 오시 잃는다면 힌트를 주겠다. 새 달력을 받아들었을 때의 기분과 같다! 그렇다. 새 달력에서 내 생일부터 찾듯, 나의 손은 내가 태어난 해의 페이지를 향해 달려갔다. 그해에 무슨 일이 있었을까, 어떤 그림으로 페이지를 꾸몄을까? 운이 좋다면 그해 발행된 크리스마스 씰도 구경할 수 있으리라. 반대로 어떤 페

이지는 아무런 꾸밈도 없거나 아주 간단한 메모만으로 끝나기도 해서, 1977년을 찾아가는 마음은 불안불안 두근두근했다. 정성껏 꾸며져 있으면 좋겠어!

    결과는? 내 페이지는 끝내주게 근사했다. 나도 좋아하는 보라색과 파란색 펜으로 차분한 메모들이 적혀 있었다. 알아볼 수 있는 단어는 하나였다. Bog(책). 여러 번 쓰인 걸 보아 그해엔 책을 많이 주고받았나 보다. 크리스마스 씰도 세 종류나 있고 볼 빨간 산타와 아기 천사의 일러스트도 함께였다. 1976년도 예쁘고 78년도 예뻤지만 77년만큼 예쁘진 않았다. 심지어 작성자가 커스틴! 아네뜨의 엄마였다. 내 생일은 9월 12일이니까 크리스마스면 딱 백일을 산 아기가 되었을 때다. 내 삶에 하얀 배냇저고리가, 알록달록한 백일상이 없는 게 더 이상 서운하지 않아졌다.

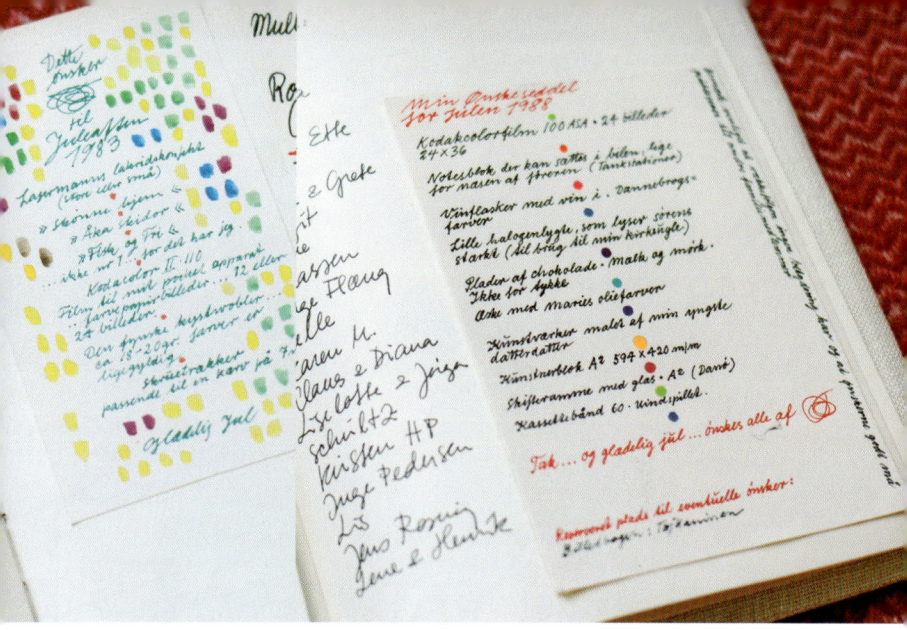

+

어위의 크리스마스 메모 어위는 메모 한 장도 아무렇게나 쓰지 않았다. 색색의 사인펜으로 곳곳을 장식하고 예의 아름다운 흘림체로 적어 내려갔다. 어위의 존재 자체가 장식이 된다고 하면 쥴리가 질투할까? (왼쪽부터 순서대로 1986년, 83년, 88년의 크리스마스 북에서 발췌)

아네뜨는 이제 크리스마스 북을 쓰지 않는다. 쥴리가 이어 쓰고 있지도 않다. 책은 1990년대 말에서 멈추었다. 지금은 어떤 방식으로 크리스마스를 기록하는지 나는 구태여 묻지 않았다. 이들에게 어울리는 모습의 새 페이지들이 어딘가에 추가되고 있을 것임이 분명하다. 같은 날 모두에게 크리스마스가 오지만, 모두가 같은 크리스마스를 갖는 것은 아니다. 나는 크리스마스 북과 한참 논 후 아네뜨와 쥴리에게 선언했다.

"한국에 돌아가면 크리스마스 북을 쓸게요. 동동이와 함께 하는 첫 크리스마스이기도 하니까, 시작하기 좋은 때 같아요."

+
1977년 크리스마스 페이지
작성자 : 커스틴

{위시리스트}
커스틴 : 빵 토스터
어위 : 성게 화석 2개, 포스터
　　　코코넛 홀더(새들에게 먹이를 주는 용도)
아네뜨 : 칠기 상자(Laquer box), 분홍색 사발 2개, 은촛대
옌스 : 플래시, 촛불 끄고 켜는 도구를 사기 위한 돈
쥴리 : 쿠바늘로 뜬 조끼, 양말, 드로잉 펜과 패드
　　　동물 모양 유리 인형 작은 것

아네뜨가 이번 크리스마스를 위해 집을 장식하고 사진을 찍어 보내주었다. 작년 여름, 집 안 이곳저곳을 찍으며 보았던 인형, 단추, 실토리, 도자기 그릇 등이 수납장에서 나와 장식품이 되어 있다. 그 외 친구들이 그린 그림이나 아네뜨가 어릴 때 받은 선물들도 놓여 있다.

이미 가지고 있는 물건들에 빨강색이나 겨울 느낌의 소재를 조금만 더해 충분히 크리스마스 분위기를 낸다. 장식을 위해 새 제품을 구매하기보다는 있는 물건으로 크리스마스스럽게 꾸민다. 소비보다 활용!

+
쥴리로부터 _
크리스마스에 무엇을 받고 싶은지 가족들과 이야기를 나누었어요. 엄마의 바램은 딱 하나, **"선물을 위해 새 물건을 사지 말 것. 중고나 재활용인 것만 받겠음"**이었습니다. 그래서 저는 언젠가 엄마에게 받아두었던 털실로 겨울소녀와 강아지 인형(아마도 저와 제 강아지?)을 떴습니다. 엄마가 좋아하겠지요?

다 읽은 책과 중고서점에서 산 책 몇 권, 상태가 좋은 소설책도 준비했습니다. 아빠는 엄마에게 크리스마스 플리마켓에서 쓸 수 있는 기프트카드를 선물할 것 같아요.

- ❖ 1982년 커스틴(63세)
    - 편지지 : 장식 없는 흰색으로
    - 아네뜨네 손님 방에 있던 낡은 커튼 : 앞치마가 다 닳았음
       그 커튼으로 새 앞치마를 만들고 싶음
    - 모든 종류의 뜨개용 실(선물을 만들거나 자선가게에 기증할 예정)
    - 아버지의 커프스 단추로 만든 펜던트

- ❖ 1984년 아네뜨(38세)

    이번 크리스마스는 이 집에서 보내는 마지막 크리스마스다. 가족 모두 크리스마스 휴가 전에 각별히 장식에 신경을 썼다. 창문에 각각 다른 장식으로 된 줄을 매달았다. 부엌에는 종이로 만든 하트와 크리스마스 종이 가방을 걸었다. 거실에는 하얀 종이로 접은 별과 호일로 만든 하트, 양모 엘프를 걸었다.

    크리스마스 이브를 친한 이웃들과 아주 즐겁게 보냈다. 라이스 푸딩에 구운 돼지고기, 감자, 데운 자색 양배추와 사과와 건포도가 들어간 샐러드 등을 먹었다. 크리스마스 트리를 둘러싸고 춤을 추며 캐롤을 4곡 부르고 선물을 풀어보았다.

- ❖ 1986년 쥴리(12세)
    - 손으로 뜬 양말
    - 반바지
    - 좋은 유리잔(밀크글라스 잔 같은 것)
    - 녹음을 위한 카세트테이프
    - 이케아 가기
    - 이케아 책꽂이 살 돈

- ❖ 1988년 어위(88세)
    - 코닥 컬러필름 100ASA
    - 차에 두고 쓸 노트
    - 아주 밝은 손전등 : 교회 옆에 있는 부엉이를 찾고 싶음
    - 초콜릿 : 밀크나 다크. 너무 두껍지 않은 것으로
    - Marie's Oil Colours에서 나온 상자
    - 우리 막내 손녀가 만든 미술작품

당신의 크리스마스를 위한 페이지입니다. Make your own Christmas!

좋은 것은 네가 가져

 체류 막바지에 며칠 정도 다른 나라에 다녀올 짬이 났다. 나는 여행을 싫어하므로 단지 시간이 있어서 다른 나라까지 넘어갈 리 없다. 오로지 보고 싶은 사람이 있으므로 간다. 영국 런던에는 드로잉 꼬꼬마 수영이 유학하러 와 있었고, 프랑스 툴루즈에는 캠프힐 친구 알렉산드라가 오래 사귄 남자친구와 이별해 힘들어하고 있었다. 거기에 드로잉 꼬꼬마 보연과 보경이 여름휴가 차 핀란드 헬싱키에 온다기에 〈영국-프랑스-핀란드〉 순서로 동선을 짰다. 그들을 만나고 덴마크로 돌아와 아네뜨 가족에게 작별인사를 한 후 한국으로 돌아가면 딱 맞는 일정이었다.
 항공편을 알아보니 다 맞아떨어지는데 한 구간, 프랑스에서 핀란드로 넘어가는 지점에 문제가 생겼다. 남유럽 간은 몇만 원, 비싸 보았자 20만 원 이하로 움직일 수 있었는데, 프랑스에서 핀란드로 바로 가자니 40만 원이 넘는 티켓만 남아 있었던 것. 아니면 그 가까운 거리를 경유를 거듭해 서른 시간이 넘게 들여 가는 황당한 노선뿐이었다. 동선은 조금 꼬이지만 내게 최고의 옵션은 이것이었다. 9월 11일에 프랑스에서 덴마크 코펜하겐에 들어가 이틀 밤을 지낸 후 13일에 핀란드로 들어가는 노선, 20만 원대!

코펜하겐에는 언제든 와서 지내라는 쥴리가 있으니 영국과 프랑스에서 묻어온 여독을 푸는 동시에, 추운 핀란드에서 입을 가을옷도 쥴리에게 빌릴 수 있는 합리적인 선택이었지만, 내키지 않는 구석이 있었다. 입국일과 출국일 사이의 9월 12일, 내 생일에 쥴리와 코펜하겐에서 지낸다는 것이 내심 편하지 않았다. 나는 '집에 같이 지내는 사람이 함께 있는' 생일이 익숙하지 않다. 어릴 때는 부모님이 생일 파티를 거의 챙기지 않았고, 독립을 해서는 밖이든 집이든 파티를 하고 흩어지거나 홀로 집으로 돌아오는 것이 자연스러웠다. 이렇다 보니 내 생일에 누군가 같은 공간에 살고 있다는 것이 잘 상상이 되지 않고, 상상만으로도 살짝 쭈뼛해진다.

작년에 쥴리에게 얼핏 내 생일 날짜를 말한 적이 있어서, 이 일정을 알렸다가 '생일을 함께 보내고 싶다는 의미로 알면 어쩌지. 그런 부담은 주고 싶지 않은데…' 지레 걱정이 되었다. 부디 쥴리가 잊어버렸거나, 내 마음을 말하지 않아도 알아채서 생일을 모르는 척 지나가 주었으면 좋겠다고 신께 기도했다. 결과부터 말하자면 기도는 통하지 않았다. 여긴 유럽이고 난 불교니까….

+
자신이 생일축하 빙산의 일각, 생일축하 쓰나미의 전조임을 말해주지 않고 시치미 떼고 있는 그날의 컵케이크

11일 밤, 코펜하겐에 돌아와 곧장 잠들었다. 다음 날 아침 일어나 보니 쥴리는 출근한 후였고 집 안은 고요했다. 부엌에는 자그마한 컵케이크와 생일 축하 메모가 놓여 있었다. 나는 안도의 한숨을 쉬었다. 딱 좋아. 이 정도면 딱 좋아!

안심을 하고 외출했다가 저녁쯤 집에 오니, 이런… 다이닝 테이블 위에 오렌지와 견과류, 여러 종류의 초콜릿이 세팅되어 있었다. 촛대에는 새 양초가 단호히 꽂혀 있었다. 물론 아름답고 감사하지만 '올 것이 왔다' 싶은 마음에 이 어색함을 어찌 견뎌야 할지 안절부절못했다. 그때 쥴리가 부엌에서 차를 내오며 테이블로 오라고 권했다. 나는 어정쩡하게 걸어가 의자에 허리를 걸쳤다. 쥴리는 초를 켜고 축하의 녹차를 따라 주었다. 이제 쥴리가 "Happy birthday to you~"를 불렀… 다면 나는 테이블 밑으로 기어들어가 웅크리고 앉아 얼굴을 파묻고는 내일 출국 때까지 나

오지 않았을 것이다.

다행히도 쥴리는 노래 대신 포스터 사이즈의 납작한 상자를 가져오더니 그 안에서 종이 몇 장을 꺼냈다.

"기억나? 작년에 동네 산책할 때, 빈티지 가게 창문에 이게 붙어 있었잖아. 가게는 닫혀 있었고, 이걸 보더니 네가 말하길…"

"구겨지지 않는다면 한국에 가져가고 싶은데 안 되겠지…."

"하하. 맞아! 생일 축하해. 선물이야."

쥴리의 웃음과 함께 긴장이 한순간에 풀렸다. 지금부터는 더 이상 어색한 생일파티가 아니라 지난 한 달간 우리가 해 온 일, '①쥴리가 좋은 것을 보여 준다 ②그것은 나의 마음에 쏙 든다 ③나는 행복해한다'의 연장이 되어서 자연스럽게 이야기를 나눌 수 있었다. 이 종이 여섯 장은, 폐업인가 싶을 정도로 허름하고 생기 없는 소품 가게에서 본 빈티지 종이인형놀이였다. 혼잣말하듯 툭 내뱉은 순간을 기억하고 사 두었다가, 생일에 맞추어 준 것이다. 기내에 들고 갈 수 있도록 포장재까지 완벽히 마련해서. 이 정도의 기억력에 준비성인데 생일을 잊어 달라는 염불이 통할 리 없지.

종이인형놀이는 덴마크 여왕을 주인공으로 평소 여왕이 착용하는 옷이며 모자, 장신구를 구성한 것, 남녀 아이가 부엌놀이를 하는 장면 등 그림스타일이며 테마가 모두 달랐다. 당장 머릿속으로 여왕에게 이 옷을 입혀 보고 저 모자를 씌워 보며 상상의 놀이를 했다.

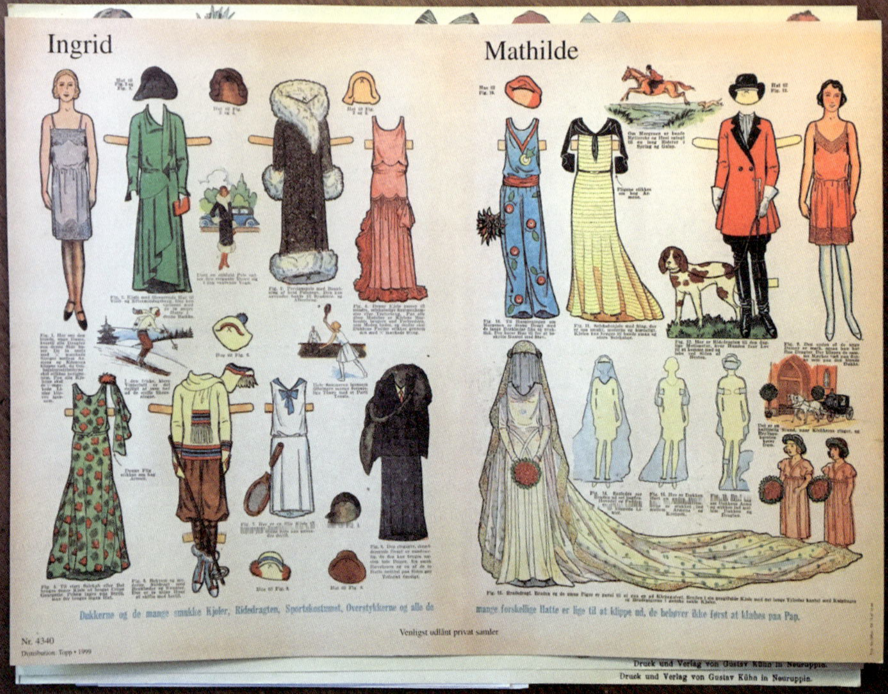
Ingrid
Mathilde
Dukkerne og de mange smukke Kjoler, Ridedragten, Sportskostumet, Overstykkerne og alle de mange forskellige Hatte er lige til at klippe ud, de behøver ikke først at klæbes paa Pap.
Venligst udlånt privat samler
Nr. 4340
Distribution: Topp • 1999
Druck und Verlag von Gustav Kühn in Neuruppin.
Druck und Verlag von Gustav Kühn in Neuruppin.

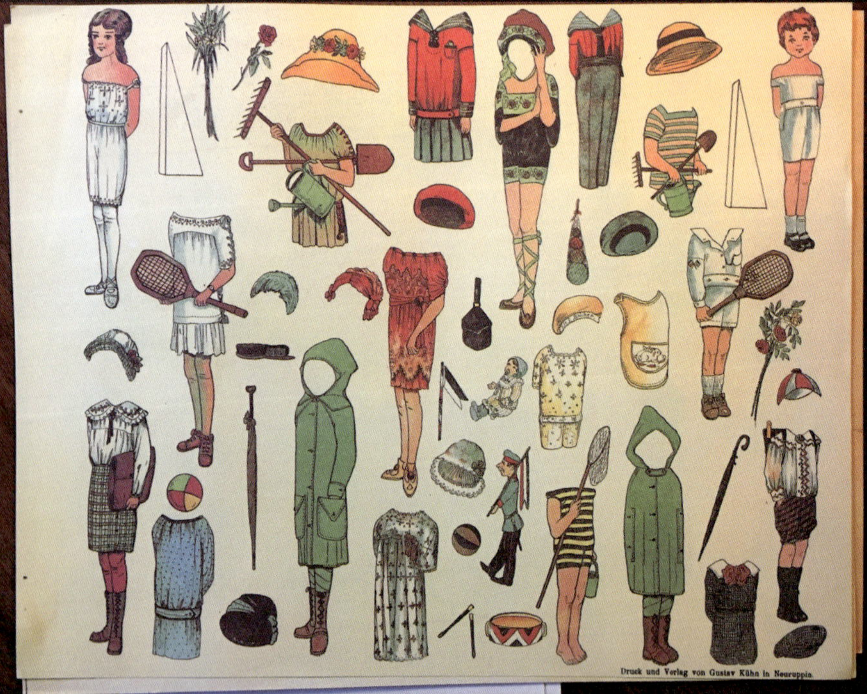
Druck und Verlag von Gustav Kühn in Neuruppin.

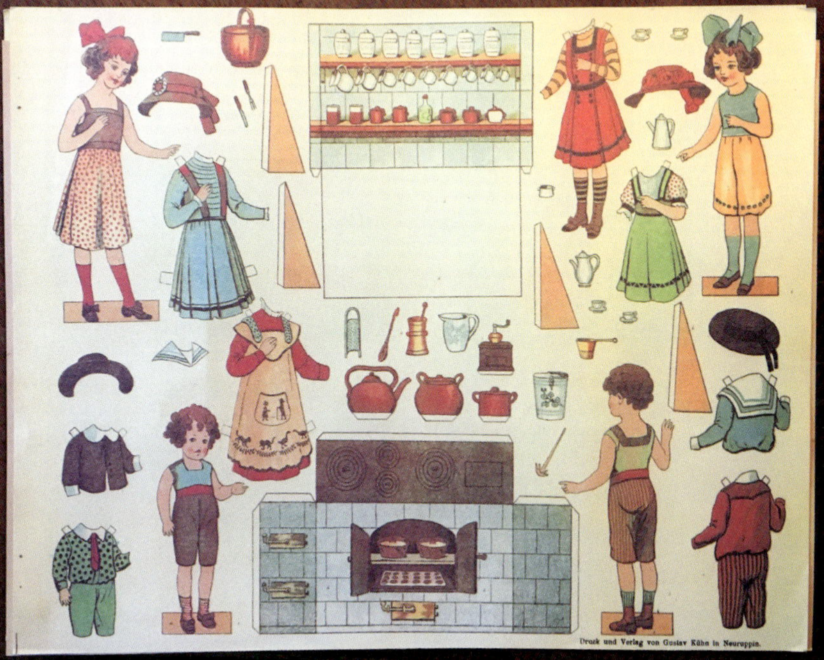
Druck und Verlag von Gustav Kühn in Neuruppin.

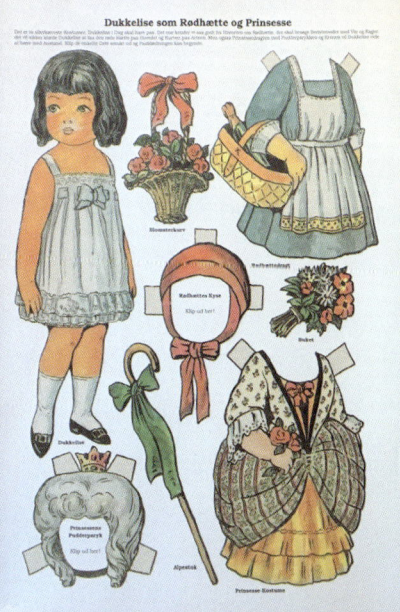

Dukkelise som Rødhætte og Prinsesse
Blomsterkurv
Rødhættes Kyse
Klip ud her!
Buket
Dukkelise
Prinsessens Pudderparyk
Klip ud her!
Alpestok
Prinsesse-Kostume

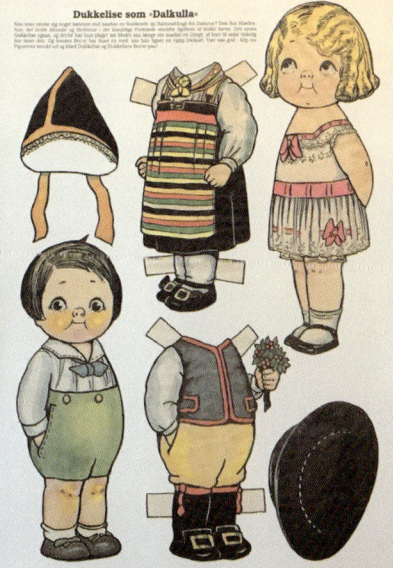

Dukkelise som »Dalkulla«

어렸을 적 나는 몸도 약하고 성격도 소심해 형제와 뛰놀기보다 혼자 방에 있는 시간이 많았다. 자연스레 책과 그림, 인형과 절친이 되었는데 플라스틱 바비인형보다 종이인형을 훨씬 좋아했다. 스케치북에 내가 원하는 색깔과 형태의 드레스를 그리고 오려내 새 옷을 만드는 것이 재미포인트였다. 바비인형은 기본으로 딸린 옷을 가지고 노는 것 외엔 어린 내가 할 수 있는 것이 없었다. 팔다리를 휘휘 움직이거나 머리카락을 땋을 수 있는 것은 좋지만, 의상 디자이너 놀이보다 흥미롭진 않았다.

니는 종이인형에 삼성이입을 심하게 해서는, 가위질 실수로 인형의 팔뚝을 잘라버리거나 어린 남동생이 찢거나 먹어버리는 사고라도 생기면 누가 죽기라도 한 듯 미어지게 울기도 했다. 그토록 소중히 만들어 노트 사이에 간직하던 인형옷들이 어떤 시점에, 어디로 갔는지 1그램의 기억도 없다. 아깝고 서글프다. 아네뜨가 이런 놀이를 했다면 어위는 그것을 어떻게 간직했을까? 벽지에, 아니면 포스터디자인에 아이디어로 사용했을까?

쥴리는 이어서 주먹 크기의 꾸러미를 내밀었다. 끌러 보니 파란색 양모로 뜬 양말, 한 짝이었다. '…응? 연인이 거울을 반으로 쪼개 한 쪽씩 간직하듯 우리 우정의 증표로 양말을 한 짝씩 갖…자… 그런 의미…?'라는 눈빛으로 쥴리를 바라보자 "네가 여행 도중에 들를 줄 몰랐어. 그래서 아직 한 짝뿐이야. 핀란드에서 돌아오면 두 짝이 있을 거야! 하하"라며 머쓱해 하고는 서둘러 다음 선물을 주었다. 나는 어린 날의 종이인형 노스텔지어에서 허우적

대다가, 내가 온다는 소식에 깜짝 놀라 한 짝이라도 어서 완성하려고 서둘렀을 쥴리가 상상이 되어 웃던 차, 세 번째 선물을 얼결에 받아들었다. 분명 오래된 물건인데 새것처럼 완벽한 상태의 종이상자 안에 노란 연필 열 자루가 들어 있었다.

"3년 전에 할아버지 유품 정리하다 발견한 건데, 1930년대 제품일 거야. 연필상자 디자인이 정말 근사하지? 공장 이름 타이포그래피도 멋지고. 여기 바이킹 그림은 덴마크의 상징이야. 참, 공장 주소를 검색해 보니까 지금 이 아파트에서 멀지 않은 곳에 있었더라. 물론 이제 이런 연필공장은 전부 사라지고 없지만 정말 신기한 인연인 것 같아."

선물 3연타를 맞고 심하게 감복해서 어안이 벙벙한 내게 쥴리는 카운터 펀치를 가했다.

"아, 세 자루는 쓴 흔적이 있더라. 할아버지가 쓰시고 넣어 두셨을 거야."

나는 이 대목에서 할 말을 잃고 연필 상자를 도로 물렸다.

"아니야. 이건 네가 갖는 게 나아. 너무 좋은 것이라 내가 가질 수 없어."

Too good. 당황한 나는 Too good이라는 말만 연발했다. 내가 갖기엔 버거운 물건이었다. 1930년대의 어위가 손에 쥐었던 연필을 2010년대의 내가 이어서 쓴다니. 2030년까지 쓴다면 이 연필은 100년을, 태어난 곳에서 지구 반대편까지 넘어와서 살게 된다. 전율이 일었지만 동시에 부담도 컸다. 지금이라도 각성을 해서 평생을 아무것도 안하고 그림만 그리며 공을 들여도 나는 어위가 이 연필로 했을 일들의 근처에 가지 못할 것이다. 연필이 제대로 대우받지 못하고 평범한 사람에게 와 버리는 기분이 들어 선물을 극구 사양했다. 쥴리는 담담하게 말했다.

"할아버지도 네가 갖기를 원하실 거야. 선물은 이게 다야. 핀란드에 잘 다녀와. 돌아오면 엄마에게 굿바이 인사하러 가자. 아빠도 미국에서 돌아오셨어. 널 보면 아마 인사고 뭐고, 캠퍼 생활은 어땠는지 물으실 거야."

우리는 나의 여행 이야기, 쥴리의 근황 이야기와 함께 차를 비우고, 촛불을 끈 후 각자의 방으로 돌아갔다. 나는 선물 꾸러미를 잘 정리해 귀국용 캐리어에 넣어 두었다. 어깨가 녹아내린 보라색 양초도 키친타월에 싸서 담았다.

내가 움직이지 않으면 어떤 소리도 나지 않는 나만의 공간에서 보낸 생일들도 좋았지만, 벽 건너편으로 쥴리의 기침 소리, 차를 끓이러 부엌에 드나드는 소리가 있는 오늘의 생일 밤이 나쁘지 않았다. 겪은 적 없던 행복을 누군가 톡톡 보내 주고 있다는 묘한 낌새에 피식 웃음이 났다. 그는 내가 원하든 말든, 준비되었든 말든 고려하지 않고 툭 보내고선 어떻게 대처하는지 빼꼼히 들여다보는 것 같다.

"이런 것 어때? 피하지 않아도 돼. 가져 봐, 이젠."

이불을 덮고 눈을 감자, 생일 다음의 날들이 다가오는 소리가 소곤소곤, 이 또한 나쁘지 않았다.

가만~~히 바라보면 인생은 참 아름답습니다

"캠퍼 생활은 어땠나?"

핀란드 여행에서 돌아와 헬싱괴르, 세 번째 방문. 기차역에 마중 나온 옌스로부터 답정너 질문을 들으며 시작하게 될 줄 진즉 알았다. 옌스도 미국여행에서 돌아왔으니 우리 넷이 오랜만에 완전체로 모이게 된 날이자, 덴마크에서 보내는 마지막 날이니만큼 마음을 후하게 쓰기로 했다. "What a stay! 제 인생 최고의 휴가였답니다." 우리는 깔깔대며 곧장 집으로 향했다.

이곳에 처음 왔을 때, 옌스가 현관을 열자 아네뜨는 거실 안에서 천천히 걸어 나왔다. 두 번째 왔을 때, 아네뜨는 빨강 가죽신을 신고 현관 앞에 귀엽게 서 있었다. 그리고 오늘, 세 번째 왔을 때, 아네뜨의 몸이 내 쪽으로 쏟아져 나왔고, 나는 그를 받아내려는 모양새로 빠르게 걸었다. 그 속도 그대로 우리는 만나서 서로에게 허그를 주었다.

아네뜨는 우리를 곧장 정원의 그린 하우스로 안내했다. 처음 만났을 때처럼 아기자기한 티테이블이 준비되어 있었다. 런던에서 아프리칸 카니발에 참여했던 이야기, 프랑스 친구와 구 남친 성토를 잔뜩 하고 온 이야기, 핀란드에서 알몸으로 수영하는 수영장에 호기롭게 갔다가 제일 좋아하는 배영은 차마 못 하고 평영으로 수줍게 헤엄친 이야기(여성전용인데 안전요원이 남자였다고요!) 등을 늘어놓는 사이, 옌스가 쟁반에 무언가를 담아 그린 하우스로 들어왔다. 빵을 구우셨나 했더니 빠알간 라즈베리 시럽이 도포된, 보기만 해도 턱이 시큰한 원형 케이크였다. '옌스의 무사 귀환을 축하하는 날인가?' 하고 마냥 환영했는데, 아뿔싸…

"생일 축하해, 썸머."

날짜가 지났다고 방심했다. 아네뜨와 옌스의 기습 축하를 받아 또 얼떨떨해져 버렸다. "옌스가 고른 케이크야." 아네뜨는 옌스에게 공을 돌렸다. "정말 예뻐요!"라고 하자, 옌스는 약간 으쓱했다.

사실 쥴리와 생일을 보낸 후 헬싱키에서 두 번째 생일상을 받았다. 드로잉 꼬꼬마 보연과 보경은 바쁜 회사생활 중 귀한 짬을 내어 여행하러 와서는 누굴 챙길 여유를 어떻게 만들었는지, 손수 꽃그림을 그린 축하카드와 블루베리 레어케이크, 아라비아 핀란드의 빈티지 컵을 선물로 주었다. 낮에 셋이 컵 가게에 갔을 때 내가 만지작거리다가 가격을 듣고는 그저 내려놓았던 컵을 나 몰래 사둔 두 사람.

핀란드의 추억까지 더해져 양 볼이 화끈한 건 나인데 나보다 더 수줍은 표정의 아네뜨가 작은 주머니를 내밀었다. 주머니에서는 귀엽게 짤랑거리는 소리가 났다. 안에는 간장종지만 한 크리스탈 그릇과 스틸 소재의 삽이 짝꿍처럼 들어 있었다. 이것 역시 이미 낯익다. 소금 그릇과 소금을 뜨는 삽! 마켓 물품을 정리할 때 테이블에 올려진 것을 집었다가 아네뜨에게 용도를 물어보고 "귀엽네요." 하고 내려둔 바로 그것이었다. "싱크대에 두고 쓸게요. 소금은 언제나 필요하니까." 대답이 끝나자마자, 아네뜨는 내게 아주 어려운 미션을 주었다.

까만 상자 두 개, 아네뜨는 상자를 열어 안에 든 물건들을 보여주며 둘 중 하나를 고르라 했다. 은색 체인 끝에 작은 펜던트가 달랑거리는 단정한 목걸이 두 개였다.

"이건 예전에 사 둔 일본산 진주로 만들었어. 그리고 이건 스웨덴 해변에서 주운 산호 화석으로 만든 펜던트야. 갖고 싶은 것으로 고르렴."

아네뜨가 주얼리 작업을 보여주던 날 말했던 '곧 무언가가 될 거'라던 화석이었다. 작년에 허니쟈를 고를 때만큼이나 어려운 결정이었지만 한편 쉬운 결정이기도 했다. 디자인으로는 진주, 이야기로는 산호였다. 나는 이야기를 집었다. 아네뜨와 가족들은 기뻐했다.

"아주 좋은 결정이야. 진주는 네가 온 곳과 가까워서 특별하지 않지만, 산호는 스칸디의 추억이 담겨 있으니까."

물론 아네뜨는 내가 진주목걸이를 골랐다 해도 칭찬해 주었을 것이다. 그는 나의 작은 선택이나 생각 하나하나에 가치를 찾아 주고 칭찬했다. 나는 아네뜨와 어린 시절에 관한 대화를 나누었다. 어위가 칭찬을 많이 해 주어서 아네뜨 역시 프로 칭찬가로 자랐을까?

"음, 어머니 쪽은 늘 칭찬을 해 주셨는데, 아버지는 조금 엄한 편이었어. 내가 뭘 잘해도 "괜찮네" 정도로만 말씀하셨지. 남동생에게는 더욱 무뚝뚝하셨고. 그런데 어느 날 아버지 친구에게 들었는데, 아버지가 나를 두고 아주 대단하다고, 아주 잘했다고 칭찬을 했다는 거야, 세상에!"

그렇지 않아도 귀여운 아네뜨가 들뜨니까 더욱 귀여워졌다.

"나는 살면서 주변 사람들이 내게 해 주는 평가를 중요하게 받아들였어. 왜냐면 내가 사랑하고 존중하는 사람들이니까. 사실 아버지는 부모님 세대와 너무 다른 세상에 살다 보니 서로 공감하고 이해하는 편은 아니었어. 그래서 사랑을 받거나 보여주는 법을 잘 모르셨던 것 같아. 대신 아버지는…"

"자신의 일로, 예술로 사랑을 배우셨을까요?"

"맞아. 아버지는 작품으로 사랑을 많이 받았지만 대신 누가 어떻게 말하는지는 신경 쓰지 않았어. 스스로가 자신을 인정하는 것을 더 중요하게 여겼거든. 여하튼, 나는 줄리와 니나에게 칭찬을 아주 많이 해 주었단다. 걔들은 그럴 만하잖아?"

아네뜨는 자매가 꼬꼬 할머니가 되어도 곁에서 "아가들아, 잘

했구나. 기특하다" 칭찬해 줄 사람이다.

"우린 좋은 유년기를 보냈단다. 하지만 아무리 나쁜 유년기를 보낸 사람도 좋은 가정을 이룰 수 있다고 생각해. 물론 쉽지 않지. 그래도 난 확신해. 잘못된 부분을 알아채기만 하면 거기에서 시작할 수 있어. 다른 방법으로 말이야."

"다른 방법… 더 나은 방법으로 말이죠?"

"맞아. 하지만 쉽지는 않아."

아네뜨는 단호하게, 그리고 반복해서 '쉽지 않다'고 말했다. 쉬우리라 생각하는 사람은 없을 것이다. 쉽게 체념하는 사람이 많을 뿐이지.

아네뜨와 작별하고 코펜하겐으로, 그리고 한국으로 돌아오며 나는 원점에 섰다. 나와 아네뜨는 어떤 인연일까? 나와 쥴리는? 나와 덴마크는? 나와 아일랜드는? 나와 꼬꼬마님들은? 나와 의뢰인들은? 나와 동동이는? 나와 가족은? 나와 연인은? 나와 나는?… 나와 그것들은 왜 지금의 모습인가 원점부터 돌아보았다. 부지런하지 않았던 한 달의 시간은 이후 긴 역사를 끄집어내어 바쁘게 곱씹도록 만들었다.

내가 닿을 수 있는 나의 원조는 조부모다. 그들 이전의 흔적과 기억은 누구에게도 남아 있지 않다. 양가 모두 북쪽 땅에서 살던 사람들이다. 전쟁을 피해 고향을 떠나 생면부지 인천에 판잣집을 짓고 맨손으로 시작했다. 한국전쟁 다큐멘터리에서 볼 수 있는 피난민 행렬 속에 있는 그들이다. 가구는커녕 당장 든든한 이

불 한 채 챙기기도 버거웠을 것이다. 그들의 양팔과 등에는 젖먹이 아들딸들이 안겨 있었다. 쓸만한 것은 죄다 곡식이나 연료로 바꾸었을 것이다.

전쟁에서 살아남은 소년소녀는 어릴 때부터 노동에 동원되었고 고등교육은 한낱 꿈에 불과했다. 어른이 되어서는 자신도 가진 적 없던 넉넉한 음식과 안정된 잠자리, 교육 혜택을 자식들에게 주기 위해 밤늦도록 일에 매달렸다. 수없이 이사와 전학을 다니는 동안 우리 사 남매는 우리끼리 컸다. 우리가 부모와 조부모에게 듣고 본 이야기는 선생의 공포와 밥벌이의 고단함, 인간의 치사함이었다. 조부모가 자기의 땅에서 안전하게 꿈을 가꾸고 살던 시절의 이야기는 우리 부모에게 어떠한 형태로도 물려지지 않았다. 살기 바빴던 우리 부모의 물건에도 다정한 이야기가 깃들 여유가 없었다. 조부모에게 아끼던 가구가 없었을 리 없다. 부모에게 소중했던 장난감이 없었을 리 없다. 삶에 그것들을 데려가는 것이 허락되지 않았을 뿐이다.

엄마는 '몸'을 주고, 아빠는 '이야기'를 주는 존재라고 생각해 왔다. 그래서 나는 내 '몸'이 죽으면 그것으로 끝이라고 생각했다. 영화 『향수』에서 주인공 그르누이는 초능력급으로 후각이 발달한 사람이지만 정작 자신이 냄새가 없는 존재임을 알아차렸을 때 충격에 빠지고 방황한다. 그는 냄새가 좋은 사람들을 찾아 세상을 떠돌며 냄새를 수집하는 데 일생을 건다. 그동안 내가 친구와 그의 가족을 열심히 찾아가고, 그들의 이야기를 듣고자 움직

인 것은 그르누이의 방법 같았던 걸까? 그르누이는 결국 타인의 좋은 냄새만을 모아 최고의 향수를 만들어 몸에 뿌린다. 매혹적인 향수 덕에 사람들에게 사랑받지만 스스로 그 향에 잠식되어 자기 존재를 없애 버리는 끝을 선택한다. 나는 비슷한 결말을 예감했던 것 같다. 이야기가 없이 태어난 나는 사는 동안 타인의 이야기를 탐닉하다가 때가 되면 흔적 없이, 사라지는 것이다.

  버스에서 쥴리를 만난 그즈음은 내 영화가 우울의 절정으로 치닫는 시기였다. 원래 스반홀름은 당시 사귀던 사람과 함께 갈 계획이었지만 혼자 갔다. 감자를 캐다가 밭고랑에 발라당 누워 흐르는 구름이나 붙들고 '난 왜 또 이렇게 된 걸까, 난 누군가, 또 여긴 어딘가' 따위 뇌까리며 시간을 보냈다. 엎친 데 덮친 격으로, 사십춘기에 돌입한 해라서 그런지 심리상태도 도통 차분하지 못했다. 내 모습도, 내 손에 쥔 것들도 초라해 보였다. '불혹'이란 말의 진의는 '무엇에도 홀리지 않는다'가 아니라 '아무도 나를 유혹하지 않는다'라던데 그 말에 딱 맞게 나는 몹시 볼품없었다.

베를린행 버스에 올라탈 때는 이어폰을 잊지 않고 챙겼다. 음악을 듣지 않더라도 이어폰을 끼고 눈을 감고 있으면 아무도 말을 걸지 않으니까 관계의 피곤과 허무를 애초에 차단할 수 있다. 다만 왼쪽 남자가 건네준 계피빵은 거절할 수 없게 맛있었고, 빵을 먹으며 오른쪽 여자를 힐끗 보았을 뿐이다.

그는 뜨개질을 하고 있었고 눈이 마주치자 싱긋 눈인사를 보냈다. 나는 눈을 내리깔았는데 털실이 담겨 있던 비닐봉투가 보였다. 가만~~히 보니 익숙한 그래픽이 인쇄되어 있었다. 일본 편의점 세븐일레븐의 로고. 봉투는 새것처럼 말끔했다. 해외 여행지에서 무언가를 사고 받았던 비닐봉투 하나도 그저 버리지 않는 사람…. 그에게 스반홀름에서 따온 라즈베리를 권하며 최근에 일본여행을 다녀왔는지 물었을 때, 이 책은 이미 쓰여지고 있었다.

나는 환영받지 못한 아이로 태어났지만 동사무소 직원 덕분에 예쁜 이름을 가졌다. 마음껏 뛰놀지 못했지만 덕분에 가만히 관찰하는 습관을 가졌다. 남자에게 차였지만 덕분에 캠프힐에 갔다. 캠프힐의 외톨이로 지냈지만 덕분에 타인의 외로움을 알아볼 줄 아는 사람들이 다가와 친구가 되어 주었다. 돌아보면 곡절이 있을 때마다 무언가가 나타나 국면을 전환해주었다. 나는 운이 몹시 좋다. 2년 전 여름의 곡절에는 편의점 비닐봉투가 나타나 주었나보다. 그러니까 심란할 때는 아무거라도 가만히 보자.

가만~~히 보면 인생은 참 아름답다.

무엇을 만들지는 어떻게 살지를 말한다. 무엇을 가지고 있는지는 무엇을 남길지를 말한다. 내가 만들 탄생자수에 어떤 모티브가 채워질지 완성본은 누구도 모른다. 나의 스티치는 이제 시작되었다는 것만 말할 수 있다.

내 눈매가 줄리처럼 깊어지고, 머리카락이 아네뜨처럼 하얘졌을 때쯤 동네 꼬마들을 앉혀놓고 "냄새가 없는 남자와 이야기가 없던 여자의 길은, 어떤 여행에서 달라진단다. 남자는 자기만의 향을 만들지 않았지만 여자는…"이라는 전개의 이야기를 들려줄 수 있을까? 어떤 인물이 등장할까? 배경은 어딜까? 모르겠다. 시나리오는 나중에 쓰겠다. 지금은, 나의 첫 번째 모티브에게 가볼 시간이니까. 안녕!

Sept. 2018

Dear Summer,
HAPPY BIRTHDAY,
おめでとう.
　　TILLYKKE ♡

I wish you a lovely birthday & all the best for your new year. I can't believe it's already been a year since we celebrated here in Copenhagen.... it was so nice to have you here. Now I hope this little package reaches you in time for your b-day; this year I made something else to keep you warm: first the feet, then the hands :) I hope it fits. I'm happy that we'll see each other in Korea next time!

　　Many good wishes & hugs,
　　　　Julie

줄리가 씁니다

썸머와 책을 함께 만드는 동안, 어떤 지혜로운 분이 제게 해준 말이 종종 떠올랐습니다. 그는 저보다 연장자였고 제 멘토였어요. 하루는 그분과 나이 들어감에 대해 이야기를 나눈 적이 있는데 저는 그에게 "내 인생에 서글픈 점이 하나 있다면, 바로 우리 가족의 역사와 유산을 물려줄 아이가 없는 것이다. 참 소중한 것들인데 안타깝다"라고 말했습니다. 조용히 듣던 그가 이렇게 대답했습니다.

"네가 중요하다고 여기는 것들을 나누는 방법은 한 가지가 아니야. 우리가 얼마나 살 수 있을지 아무도 몰라. 인생에서 소중한 것을 베풀고 나누는 행동이, 누군가에게 생각지도 못했던 방식으로 의미 있는 영향을 줄 수도 있어. 마치 수면 위의 잔물결이 저 멀리까지, 우리가 알 수 없는 곳까지 닿는 것처럼."

우리의 여름은 그와 나눈 대화의 의미를 다시 한번 떠올리게 했습니다. 베를린으로 향하던 버스 안에서 우연히 낯선 사람을 만난 인연이 우리 가족의 이야기를 나눌 수 있는 기회가 되어 주었습니다. 그 낯선 사람의 이야기를 통해 깊고 의미 있는 영향을 받았다는 것 또한 소중합니다. 우리의 작은 시도가 누군가에게 자신을 드러내고 세상과 나누도록 영감과 용기를 준다면 좋겠습니다. 저는 우리가 함께해 온 일들에 무척 감사하고 있습니다.

아네뜨가 씁니다

  처음 프로젝트에 대해 들었을 때, 저는 매우 놀랐습니다. 제 인생이 누군가에게 흥미로울 것이라고는 상상도 할 수 없었으니까요. 더욱이 세상 저 먼 곳에 있는 사람들에게 말예요. 그때 예전에 일본의 한 작은 마을에 사는 두 할머니에 대한 TV방송을 본 기억이 났습니다. 해안 마을에 살며 조개를 줍는 등 소박한 일을 하는 여인들이었어요. 제 또래인 그들의 일과 삶의 방식에 저는 무척 감동받고 고무되었지요. 저는 두 여인이 자신의 이야기를 세상에 보여주도록 허락해 주어서 참 다행이라고 생각했습니다. 그들에게 감사했듯, 저도 프로젝트의 한 역할이 되어 어딘가의 누군가에게 가치 있는 것을 공유할 수 있을지 모른다는 마음에 참여를 결정했습니다.

  이 일은 저 자신에게 보람 있는 과정이었다는 것도 알게 되었습니다. 72세의 나이에, '새로운 눈'을 통해 일, 가족, 일상을 돌아볼 수 있는 흔치 않은 기회였습니다. 사소하고 일상적인 것에 대해 더 많이 생각하고 감사하게 되었습니다. 젊은 예술가가 세상 반대편에서 우리 집까지 여행와서는, 우리 가족이 매일 놀려대는 낡은 옷걸이 더미에서 아름다움을 발견하는 장면을 상상이나 했을까요? 우리는 살아가면서 가치 있고 소중한 것들을 나눌 수 있다고 생각합니다. 그것이 제가 가장 감사하는 바입니다.

옌스와 오리온을 위하여

체류 첫날, 옌스는 내게 한 달 치 캠퍼사용법을 숙지시켰다. 또한 한껏 달뜬 표정으로 자신과 이 캠퍼의 첫 만남에 관해 들려주었다(다시 한번 말하지만, 덴마크인의 평균 표정은 '무뚝뚝'이다). 어딘가에서 몇천 킬로미터를 달려 덴마크로 데려왔다고 했는데, 당시엔 "와우!"를 연발하며 굉장히 신기해했으나, 정작 책에 쓰자니 '어딘가'와 '몇천'이 도통 기억나지 않았다.

나는 지리와 숫자, 둘 다 약하다. 이번 프로젝트를 위해 노트를 들고 다니며 메모하거나 핸드폰으로 녹음을 하기도 했지만 모든 순간 그렇게 할 수는 없었다. 이럴 땐 줄리에게 SOS를 친다.

"그게 이름이 뭐였죠?", "몇 년도였죠?", "누구 유품이라고 했죠?" 하는 식으로 괴롭힐 때마다 줄리는 가뿐하고 기쁘게 대답해주었다. 그러나 캠퍼에 대해 질문을 했을 때, 그는 멈칫했다.

"썸머… 아빠가 네 질문에 들뜨셨어. 아마 에세이 한 편을 써 보내실 거야. 각오하는 게 좋아."

나는 '어디'와 '몇천'만 알면 되는데, 이게 무슨 말인가! 하며 기다렸고 줄리는 며칠 후 이메일을 보내왔다.

"아빠의 에세이야. 필요한 부분만 골라 쓰렴. 건투를 빌어."

나는 스크롤(!)하여 이메일을 다 읽고서 '어디서'와 '몇천'이 문

+
자전거를 타고 동네 구경을 하고 싶다 하자 옌스는 아네뜨가 타던 빈티지 자전거를 창고에서 꺼내와 먼지를 털어냈다. 안장도 최대한 낮춰 주었다. 그의 수고가 무색하게도 나는 따릉이 정도의 자전거만 탈 수 있는 수준이라, 이 아름다운 자전거는 한 번도 타지 못했다.

제가 아니라는 걸 깨달았다. 옌스의 에세이는 교육 때 이미 들었던, 아주 귀여운 이야기였다. 오리온(캠퍼의 이름)에 대해 고작 '어디'와 '몇천'만 중요하다 생각하고, 나머지 디테일을 새까맣게 잊었다니⋯ 참 무심한 처사다.

또한, 아무리 아네뜨 중심의 프로젝트였다 해도 옌스의 지분이 너무 적다는 사실도 그렇다. 쥴리의 반은 옌스이며 아네뜨의 상당 부분도 옌스인데, 매번 역으로 픽업을 나와준 사람도, 첫 방문 때 추울까 봐 벽난로에 불을 담아준 사람도, 더치팬에 구운 빵을 내와 한 장 한 장 썰어준 사람도, 빠알간 라즈베리 생일 케이크를 골라준 사람도 옌스인데 말이다.

사실 옌스도 쥴리나 아네뜨, 어위만큼이나 캐릭터가 있는 남자다. 쥴리가 옌스를 데리고 일본 섬마을 여행을 다닌 이야기를 해 주었는데 그것으로도 한 권의 책이 될 정도다. 신칸센에서 옌스가 갑자기 사라져 찾아보니 기관실에 몰래 & 당당하게 잠입해 있어서 쥴리만이 난처하게 기관사에게 스미마셍을 연발했다거나, 차밭을 구경하다 또 없어져서 찾아보니 일본어 한마디 못하면서 생판 모르는 차밭 주인과 친구가 되어 차를 대접받은 이야기 등등 가관인 것이 딱 내 스타일이다.

마지막 날, 옌스에게 "다음엔 한국에 오셔야죠. 한국은 스펙타클한 곳이에요. 일본 따위 따라올 수 없어요. 북한도 바로 옆이잖아요!"라고 권했더니 옌스는 눈을 반짝였다. 쥴리는 '우리 아빠 자극하지마…'라며 복화술로 나를 지긋이 말렸다. 재밌지 않겠는가? 한국의 여기저기를 들여다보며 아기 고양이처럼 만사 참견하는 옌스와 그를 잡으러 다니는 어른 쥴리, 그 모습을 찰칵하는 나. Why not? :)

+

난로를 데우고 빵을 굽는 남자, 옌스. 큐알코드를 스캔하면 옌스의 캠퍼밴 오리엔테이션 영상을 볼 수 있는데 마침 불을 다루고 있는 순간이다. 젠틀하고 단정한 목소리가 영국배우 '콜린 퍼스'를 닮았다.

옌스가 씁니다 - 오리온에 대하여

오리온
* 1974년 독일에서 생산
* 유리강화플라스틱(Glass Reinforced Plastic) 재질
* 2008년 네덜란드에서 구매

제게는 언제나 플라스틱 카에 대한 로망이 있었습니다. 17살에 가졌던 첫 차가 English Convair Kitcar였지요. 2006년, 헬싱괴르 항구를 드라이브하던 중, 우연히 GRP카를 발견했는데 제가 수년간 이베이 같은 곳에서 찾아헤매던 드림카였습니다. 1974년산 Schäfer Orion autocamper! 이 희귀한 캠퍼를 난생 처음으로 마주한 순간이었습니다.

한 노년부부가 네덜란드에서 덴마크로 휴가차 타고 왔던 겁니다. 그들은 제게 안을 볼 수 있도록 해 주었고 저는 완벽히 보존된 오리지널 인테리어를 볼 수 있어서 무척 기뻤답니다. 저는 부부에게 여러 번 고맙다는 말을 했지요.

  2년 후 어느 날, 직장에서 일을 하고 있는데 한 네덜란드 신사로부터 전화를 받았습니다. 놀랍게도, 제게 2년 전 항구에서 오리온을 방문했던 그 사람이 맞는지 묻더군요. 그렇다고 했지요! 당시 저는 직장이었던 〈과학박물관 The Science Museum〉티셔츠를 입고 있었는데, 그것을 기억했다가 박물관을 통해 저를 찾은 겁니다!

  부부는 차를 팔고 싶어 했고 제게 관심 있는지 물어보더군요. 당연했죠! 저는 전화와 이메일을 통해 구매 절차를 마치고, 비행기와 기차를 타고 네덜란드의 시골 마을로 향했습니다. 마침 줄리의 동생 니나가 네덜란드에 친구를 만나러 가 있어서 저는 그 아이를 픽업해 덴마크로 향하는 긴긴 여정에 올랐습니다. 오리온을 타고 말이지요! 오던 중에 우리는 오래된 독일 산업 지역인 루르 Ruhr에 들렀습니다. 그곳은 오리온의 탄생지랍니다.

  우리 가족은 오리온을 타고 주로 스웨덴, 특히 고틀란드라는 섬에 여행을 가곤 했습니다. 주행속도가 느린 캠퍼에 딱 알맞는 아담한 동네거든요. 그곳에서 스웨덴의 시골에서 마음껏 돌아다닐 수 있는 권리*를 누렸습니다. 오리온을 타고 해변 바로 옆에서 야영하며 떨어지는 태양 속에서 잠들곤 했습니다. 바닷새들과 아

공공접근권/실외접근권한 The right of public access (Allemannsrätten)
시골을 자유롭게 즐기게 한다는 취지로 스웨덴 환경 보호국이 제정한 권리. 개인 주택 및 경작지로부터 70미터 밖의 모든 토지에 접근 가능하며 자유롭게 야영을 할 수 있다. 사냥, 수영, 운전, 낚시, 승마, 하이킹, 스키 등 거의 모든 액티비티가 허용되며 꽃이나 버섯, 딸기 등을 채집하는 것도 가능하다.

름다운 풍경에 둘러싸여서 말이지요.

오리온을 타고 덴마크와 스웨덴, 독일에서 열린 〈베테랑 카 컨벤션〉에도 갔었습니다. 지금은 아주 유용한 게스트룸으로 쓰고 있습니다.

큐알코드를 스캔하면 오리온의 내부를 볼 수 있습니다.

하정 혹은 썸머가 씁니다

 그해는 무척 이상했습니다. 좌절감, 자괴감, 자책감, 실망감, 배신감 따위, 알고 있는 나쁜 감을 죄다 떠안은 채 세계에서 제일 행복한 나라에 들어갔는데, 세계에서 제일 난장판인 나라에서도 겪지 않았던 수매치기를 당했습니다. 여권, 신용카드, 현금, 심카드, 기차표 등등 중요물품을 다 담아둔 손가방을 말입니다. '계란은 한 바구니에'도 정도껏이지, 여권 분실 시에 쓸 여권용 사진마저 여권과 함께 보관하는 멍청이를 보셨나요? 오른쪽 사진을 보세요. 네, 바로 접니다.

 저는 곧장 스반홀름에 전화를 걸어 임시여권을 발급하기 위해 코펜하겐에 하루 머물다 가겠다고 했습니다. 다음 날 스반홀름 입구 버스 정류장으로 픽업을 나온 어르신이 저를 보더니 깜짝 놀라며 말했습니다. "어라? 너, 도둑을 잡은 거니?"

 알고 보니 제 전화를 받은 담당자가 사람들에게 "썸머라는 봉사자가 코펜하겐 기차역에서 다 털렸대!"라고 말한 것입니다. 어르신은 제 배낭을 보고는 도둑을 잡고 짐을 되찾은 줄 아셨고요. 이후 저는 "다 털린 게 아니래. 손가방만이래!"라는 팩트가 공동체 모두에게 전해질 때까지 "네가 바로 그 썸머구나. 모든 것을 다 잃었다는…"으로 시작하는 첫 인사를 받아야 했습니다. 동정

어린 시선과 함께 말이지요.

그런데 이상하게도 그들이 말하는 "You lost everything 어쩌고 저쩌고?"라는 말이 은근히 상쾌하게 들렸습니다. 홀가분하기도 했고요. 그때까지 저는 머리카락 하나 남기지 않고 사라져버린 그르누이처럼, 혼자인 대로, 혼자인 곳에서, 아무것도 남김없이 끝나는 결말을 남의 일로 생각지 않았으니까요.

난 곳에서 받은 것이 없으니 뿌리를 내릴 수도, 다음에 물려줄 것도 없다는 비루함이 늘 제 안에 있었습니다. 마음에 드는 것을 가지고 있다 해도 어차피 내 것은 안 될 거라고도 생각했습니다. 그래서 무엇이든, 어떤 관계든 소중히 돌본 적이 없습니다. 쿨한 척, 세상에 미련 따위 없는 척하고 살았지요.

덴마크 가족과 만난 후 저는 가진 것을 돌아봅니다. 공간을 채우고 있는 물건들부터 저와 핏줄로, 땅으로, 취향으로, 관심으로, 보살핌으로, 끌림으로 연결된 관계들을 들여다봅니다. 양과 질을 떠나 '자, 그래서, 어떻게 남길 거야?'를 생각할 시기에 들어온 것인가 싶습니다.

쥴리의 에필로그에 등장하는 멘토의 말은 언젠가 쥴리와 제가 나눈 대화이기도 합니다. 프로젝트 막바지, 쥴리에게 에둘러 물어보았습니다.

"이 많은 유산들, 어떻게 될까, 앞으로…"

그 질문을 물꼬로 우리는 '존재함과 그 이후'에 대해 긴 이야기를 나누었습니다. 결론은, 죽음이 소멸을 의미하는 것은 아닐뿐

더러 반드시 유형·무형의 것이 뒤에 남는다, 꼭 엄마아빠가 아니어도 우리는 많은 것을 받고 있으며, 꼭 핏줄이 아니어도 가진 것을 이어가게 할 수 있다는 말이었습니다. 그런 맥락으로 쥴리는 제게 할아버지의 연필을 선뜻 주었던 것 아닐까요?

물건뿐 아니라 우리의 선택이나 말, 손길, 시선, 관심 하나하나가 사람에게 남겨져 영향을 준다는 생각도 우리는 같았습니다. 내 밖으로 꺼내어져 누군가에게 전달된 무언가가 인생에 남겨질 이야기이자 유산이 된다는 것을요. 버스 안에서 쥴리가 제게 보내준 눈인사가 그랬듯 말이지요.

그런 대화 후에도 제 삶은 변함없이 휘청대고, 예술적 성취는 어위의 연필은커녕 지우개 찌꺼기도 과분한 수준, 인간관계 역시 이불차기를 반복합니다. 다만 가지고 태어난 것과 지금 가진 것의 진짜 가치를 새삼 깨닫는 순간들이 늘었습니다.

지금은 나 자신이 내가 바라는 나무의 씨앗이 되고, 사슬의 첫 번째 고리가 되면 어떨까 생각합니다. 그것은 책이 될 수도, 관계가 될 수도 있습니다. 여전히 대단한 각오는 없습니다. 잡동사니같아 보여도 누군가에게는 꼭 간직하고 싶은 보물상자이듯, 나와 닮아 있는 사람의 마음에 들어가는 어떤 것이 된다면, 그것으로 충분합니다.

2018년 겨울
하정 혹은 썸머, 그리고 동동

Want some more? :)

at Julie's home

+
쥴리로부터 _
작년에 돌아가신 친척분이 쓰던 튼튼한 그릇장을 받아왔어요. 그 아래 강아지 모양의 나무도
마는 메시 입양 기념으로 썸머가 직접 깎아서 가져온 선물이랍니다.

+

거실 겸 게스트룸 커스틴이 쓰던 책상의 오른쪽 벽에 어위의 나무 팔레트를 물감이 묻은 그대로 기대 두었다. 커스틴-어위 부부가 손녀의 방에 나란히 지내고 있는 듯한 풍경이다.

Julie & Messi

+

쥴리로부터 _

제 반려견 메시입니다. 티베트 핏줄의 생김이 독특하고 성격도 좋은 멋진 녀석이예요. 이전 주인이 메시와 놀아 주지도 않고 미용도 해 주지 않아 엉망인 상태로 보호소에 들어왔습니다. 저는 녀석에게 반해 오랫동안 고민하고, 아파트 주민들을 모두 설득한 후 함께 살게 되었어요. 매일 함께 출근하고, 하루에 두 번씩 산책을 합니다. 자유롭던 인생에 항상 관심을 주어야 하는 대상이 생긴다는 것은 힘들지만 행복한 일입니다.

프로젝트 실행 두 달 전, 썸머는 동동을 입양했다는 메시지를 보내왔습니다. 저는 엄마에게 썸머가 프로젝트를 취소할지도 모르겠다고 말했어요. 동동은 이제 겨우 생후 2주된 아기였고 너무 귀여워서 한시도 떨어지지 못할 것 같았거든요. 하지만 썸머는 "무슨 소리야. 동동과 나는 룸메이트야. 엄마와 아기가 아니라고. 서로에게 얽매이면 안 돼"라더군요. 그러고는 프로젝트 내내 썸머는 동동의 사진과 동영상을 들여다보며 "I miss DongDong~~." 하고 몹시 칭얼댔답니다.

Colors of Anette

+
쥴리보다 10살이 어린 동생 니나, 코펜하겐의 한 대학에서 통계학자로 일한다. 니나의 집은 쥴리네와 비슷하면서 또 다르다. 거실을 좌식으로 꾸몄는데 티테이블을 두지 않고 바닥 그대로 찻상으로 쓰는 호방함이 마음에 쏙 든다. 우리 집 거실을 새로 단장할 때 레퍼런스로 삼을 예정.

++
우리의 첫 만남은 니나의 생일파티가 열린 레스토랑에서였다. 파티에 함께 가자는 쥴리의 제안에 선물을 준비했다. 니나의 생김새를 물으니 아주 곱슬곱슬한 머리카락이 어깨까지 내려오고, 안경을 썼다고 했다. 그 정보만으로 하얀 손가방에 네임펜으로 간단한 일러스트를 그려갔다. 생일 테이블은 니나가 어린 시절 가지고 놀던 장난감 등 작은 소품들로 꾸며져 있었다. 그중에는 옛날 사진도 있었는데 사진 속 꼬마 니나의 포즈가 내가 그린 일러스트와 완전히 똑같아서 우리는 깜짝 놀랄 수밖에 없었다.
재밌던 것은 생일자가 선물을 받기도 하지만 주기도 한다는 것. 니나는 잘 안 입는 옷, 모자와 장신구 등을 가지고 와서 참석자에게 나누어 주었다. 나에게는 『The Summer Book』이라는 책과 엄마 집에서 가져온 빈티지 옷걸이(플라스틱 코일로 welcome이라는 단어가 짜여 있다), 그리고 자신이 간직하던 아네뜨의 어릴 적 사진을 주었다.

Nina!

Berry picking day!

+

덴마크의 여름 날, 정원 한쪽 덤불에 그득 열린 베리를 수확했다. 아네뜨는 베리를 뭉근히 조려 빨간 잼을 한가득 만들었다. 쥴리는 잼을 발라넣은 롤케이크를 굽기도 하고, 스콘과 곁들여 나의 호텔 문 앞까지 조식서비스를 제공해 주기도 했다. 온 집 안에 달큰함이 감도는 며칠이었다.

+
아네뜨와 쥴리가 찬장에 두고 바이블 삼아 보는 요리책. 사진 한 장 없는 옛날 요리책이다. 텍스트만 빼곡한 책을 보며 둘의 머리 속에는 어떤 요리가 펼쳐지고 있을지!

"Bon Appetit!"

+
호밀빵에 버터를 바르고 삶은 감자, 토마토, 치즈, 달걀, 절인 생선, 훈제 연어 등을 얹어 먹는 오픈샌드위치 Smørrebrød는 덴마크의 일상적인 식사다.

++
우리가 함께 식사할 때는 주로 쥴리가 요리를 했다. 쥴리는 채소와 과일, 생선을 이용하고 강한 양념보다는 올리브유나 간단히 소금, 후추로 간을 해 담백하고 든든한 한끼를 뚝딱 만들었다.

Life in the Garden

+
엄마와 딸은 정원에서 보내는 시간이 많다. 꽃을 보살피려는 뜻도 있지만 뜨개질을 하기에 제격이기 때문이다. 햇살이 좋은 날엔 누가 먼저랄 것 없이 뜨개질과 차바구니를 가지고 정원으로 향한다. 정원은 꽤 많은 분량의 허니쟈가 탄생한 공간이다.

+
정원에는 두 채의 집이 있다. 어른이라면 무릎을 완전히 접고서야 들어갈 수 있는 녹색의 꼬마집과 유리로 만든 꽃의 집. 옌스는 어린 쥴리와 니나를 위해 꼬마집을, 꽃을 좋아하는 아네뜨를 위해 유리집을 손수 지었다. 꼬마집의 창은 유리집 쪽으로 내주었다.

150 g Pelsuld a 270m/100g

ude nr 5

...sken strikkes rundt i retmasker

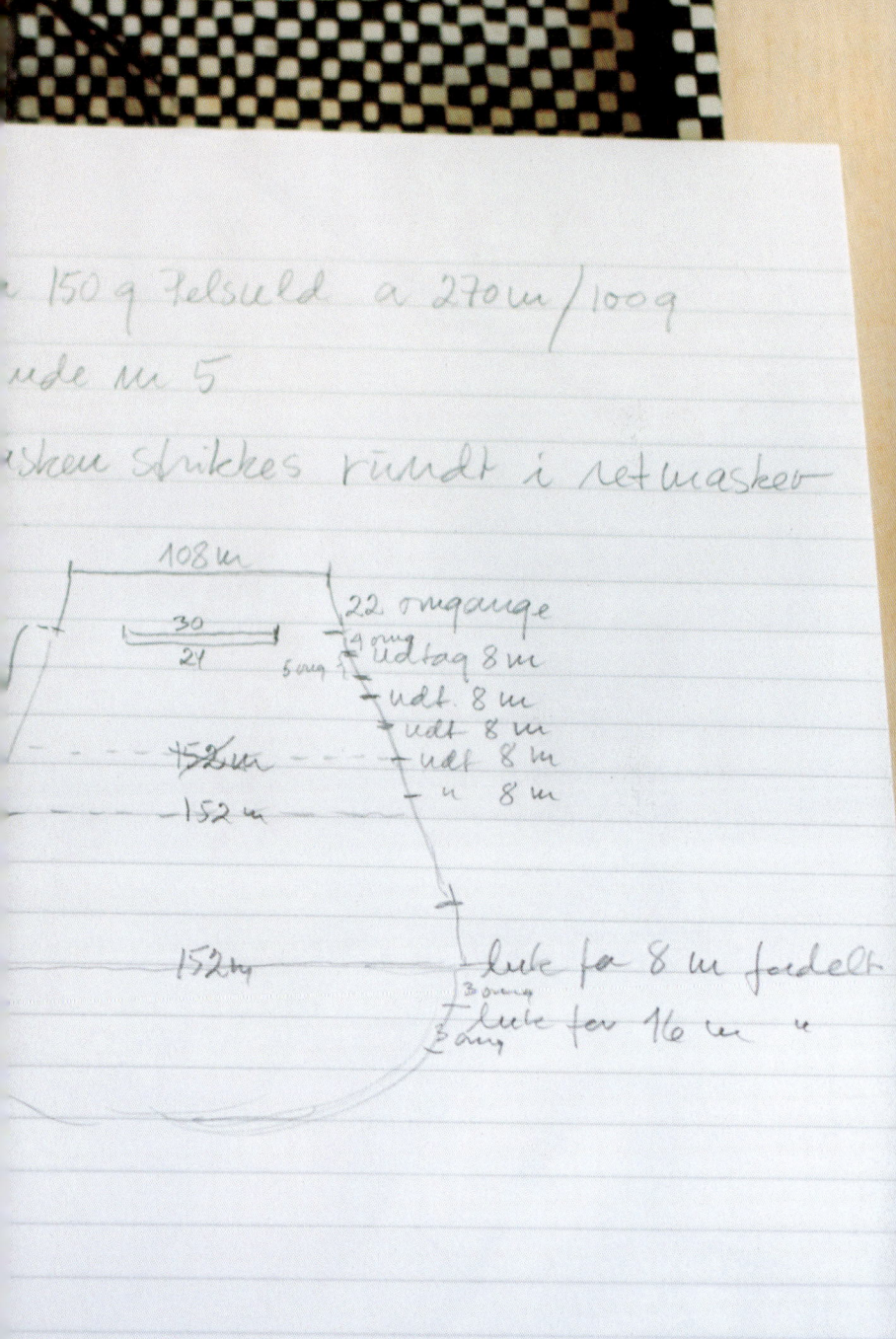

108 m
30
24
22 omgange
4 omg udtag 8 m
5 omg
udt. 8 m
udt. 8 m
udt. 8 m
152 m
m 8 m
152 m

152 m
luk fa 8 m fordelt
3 omg
luk for 16 m "
3 omg

Stockholm, Sweden
Fika

Dear Summer,
I hope this reaches you all the way from Stockholm. Like you, I really hope you can visit here too sometime. It is such a beautiful city and different from Copenhagen. I've seen some great photo exhibitions, walked by the water and eaten "pepparkakor" (spicy X-mas cakes like on the card). Looking forward to seeing you! B))

Lange Kort AB 08-8233933

SVE

Bu
Jongno
Seoul, p

Att. Hojung Summer
010-9552-534
www.langekonst.se

H1802

hon-ro 6-gil,

gu,

tl code: 03056

SOUTH KOREA

Prioritaire

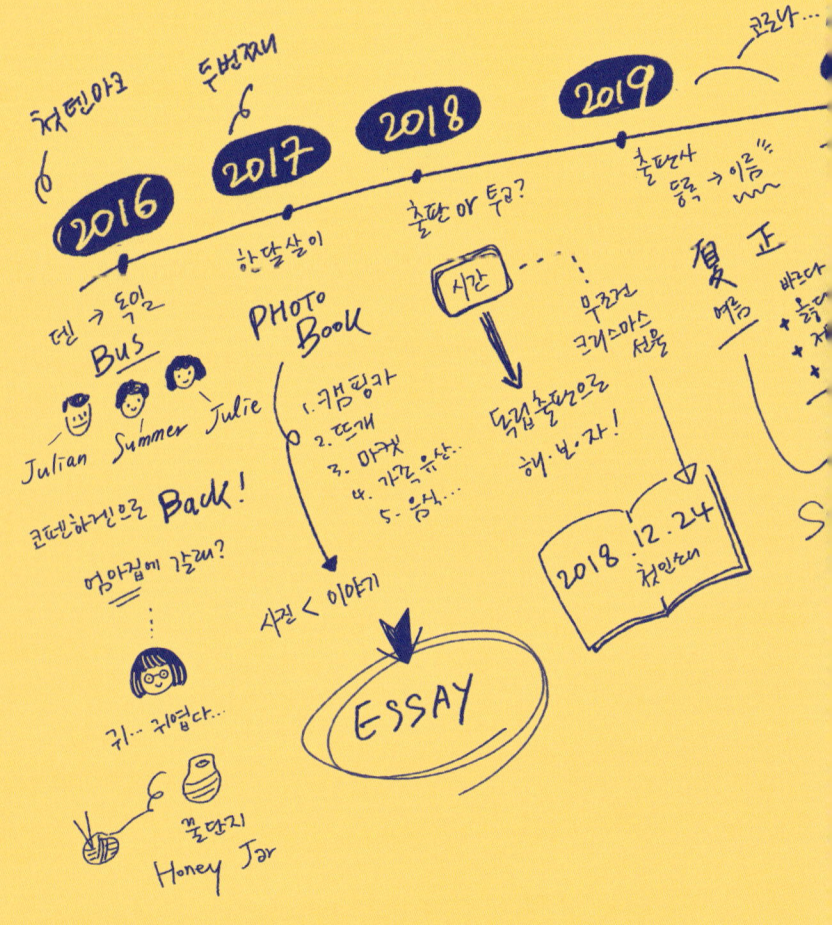

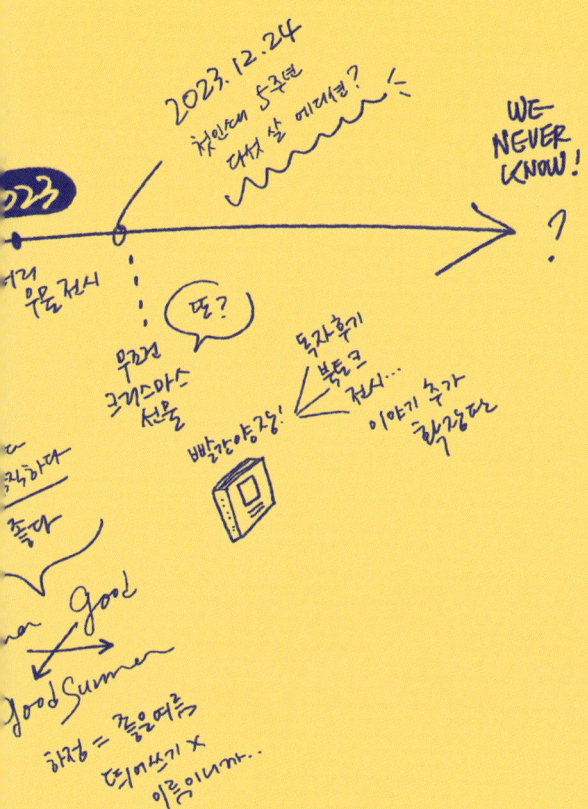

일러두기
이제부터는 이 책을 둘러싼 시간, 공간, 사람 들의 이야기입니다. 앞 이야기에 충분히 빠져드셨을 때, 두 번 세 번 읽어 주인공들과 내적 친밀감이 가득 찼을 때 펼쳐보면 좋습니다. 물론 이 말을 그대로 따르진 않겠지만, 여하튼 일러둡니다.

우리에게 어울리는 여행

　국립현대미술관 서울관의 우현에는 아주 근사한 잔디밭이 있다. 인왕산의 듬직한 등허리를 마주 보고 있어 전망이 훌륭한 데다, 저녁이면 석양까지 선사한다. 무엇보다 잘 관리된 잔디밭에 흔히 있는 〈출입금지〉 팻말이 없고, 나무 한그루, 화단 한쪽 없이 탁 트인 마당같달까, 무대 같은 개방감까지! 번잡한 종로 한복판에서 비현실적으로 홀로 여유로운 공간이다.

　나는 쥴리의 두 번째 한국여행의 마지막 코스로 이곳이 제격이라 생각했다. 자기를 어디로 데려가는지도 모르고 인파에 치이며 그저 따라왔던 쥴리는 위엄 어린 가을 인왕산과 호젓한 잔디밭이 나타나자 탄성을 내질렀다. 나는 깜짝 선물이 제대로 통한 것을 확인하고 어깨를 으쓱하며 담요를 깔았다. 사람들은 잔디밭 양끝의 벤치에, 나와 쥴리만이 잔디밭 복판에 앉았다.

　쥴리는 올 초, 그러니까 2023년 1월, 한국에 왔었다. 책에 나오는 물건을 전시하자는 갤러리의 제안이 있었고, 쥴리가 전시품을 직접 들고 왔다. 전시는 3주간 열렸지만, 쥴리의 휴가는 단 열흘이었기에 전시품은 전시 종료 후 내 사무실에 보관해 두었다. 그리고 9개월이 지난 지금, 쥴리는 다시 한국에 왔다. 할아버지의 유품과 엄마의 작품을 집으로 데려가기 위해.

첫 방문에서 쥴리는 숙소와 갤러리, 북토크와 뜨개 워크숍이 있던 책방과 뜨개 아카데미 말고는 한국의 어디도 구경하지 못했다. 여행은커녕 시차 적응도 하지 못한 채, 열흘 동안 작품 설치에 잡지 촬영, 신문 인터뷰, 굿바이 파티까지 클리어하다가 시간에 떠밀려 덴마크로 돌아갔다.

이번에 우리는 아무것도 하지 않기로 했다. 첫 여행이 달디단 도넛으로 입안을 꽉 채운 시간이었다면, 이번엔 도넛 가운데 텅 빈 공간을 즐기기로 했다. 쥴리는 부산으로 입국해 지리산과 구례를 여행한 후, 서울에서 4일을 지냈다. 전시에서 만났던 독자와 재회하거나, 남산을 오르거나, 양말 뜰 실을 사러 뜨개용품점에 들르는 등 혼자서 서울 곳곳을 탐험했다.

나는 구례여행에 합류하지 않았고 서울에서도 쥴리를 그저 두었다. 하루에 한 번, 두세 시간 정도 함께 있으며 쥴리의 귀여운 서울 탐방기를 듣는 것으로 충분했고, 그것이 우리에게 어울렸다. 내일이 출국일이어도, 이 시간이 마지막이어도 우리의 대화엔 호들갑이 없었다. 매일 만나는 사람처럼 지금 당장 드는 기분과 떠오르는 이야기를 툭툭 내놓을 뿐.

"한해에 한국에 두 번이나 오다니. 상상도 못한 일이야."

쥴리가 말했다. 나를 알기 전 쥴리에게 가장 먼 나라, 가장 궁금한 아시아는 일본이었다. 하지만 이제는 아니다. 쥴리는 책이 출간된 후 줄곧 한국에 오고 싶어 했다. 뜨개 워크숍 같은 이벤트가 책 프로모션에 도움이 된다면 하고 싶다며 의지를 불태웠다. 하지만 코로나19로 한국 독자들과 함께 뜨개를 한다는 그림은 신기루가 되었었다.

"나도 다른 나라를 테마로 글을 쓴다면 이탈리아가 될 거라 생각했어. 그런데 덴마크라니, 게다가 두 권이나.*"

우리는 지금 서 있는 자리가 그저 놀라웠다.

"작년 서울국제도서전에서 세은을 만난 일도 참 신기하지 않아? 오도카니 부스를 지키고 있는데 너희 엄마랑 똑 닮은 은색 단발의 부인이 척척척 걸어오는 거야. 그러고선 우아한 동작으로 명함을 척 건네는데, 그 손가락에 끼워진 반지들을 보고 단박에 알았어. 보통 사람이 아니라는걸."

나는 세은과 만난 순간을 말하길 정말 좋아한다. 쥴리는 두 번 세 번 들은 이야기지만 처음 듣는 것처럼 눈을 반짝이며 호응한다. 입 밖으로 꺼내지길 거듭할수록 새로워지는 이야기, 도저히 낡지 않는 이야기가 그렇게 있다.

아네뜨가 디자인한 반지(p124)와 비슷한 반지를 여러 개 끼고 있던 세은은 서촌의 한옥 갤러리 대표로 자신을 소개했다. 도서전에 왔다가 우연히 이 책을 발견했다며 책에 나오는 공예품들

---

* 『장래희망은, 귀여운 할머니(2019)』에 이어 덴마크 공동체 경험을 다룬 『나의 두려움을 여기 두고 간다(2020)』라는 책을 출간했다.

로 전시를 할 수 있는지 물었다.

아네뜨의 허니쟈, 어위의 드로잉, 커트러리… 나 말고는 직접 본 사람이 없는 덴마크 가족의 물건들. 사람은 물론 물건의 이동도 원활하지 않던 때였다. 나는 평소 성격대로 "됩니다"라고 일단 답해놓고는 쥴리에게 메시지를 보냈다. 가장 안전하고 확실한 배송서비스를 수배할 테니 물건들을 보내줄 수 있겠느냐고. 쥴리는 즉각 답했다. 한국에 오겠다고, 전시품들을 가지고, 직접.

"전시 후에도 좋은 인연이 속속 나타났어. 북마켓에서 알게 된 디자이너 희향도 그래. 마침 다음 책 표지 작업을 앞둔 시점이라 그 친구에게 일을 의뢰했잖아. 여기저기 수소문하고 포트폴리오를 비교할 수도 있었겠지만 그러고 싶지 않더라고. 이미 연결되어 있는 사람과 하고 싶었어. 그 인연들을 보면 말야. 겉모습은 제각각인데 바탕이 비슷해. 그런 사람들끼리는 일일이 설득하지 않아도 서로 쉽게 알아채는 뭔가가 있어."

우리는 이 이야기들을 몇번이나 더 곱씹게 될까. 쥴리는 늘 그렇듯 나의 단순한 영어 너머 복잡한 속내까지 이해한 회색 눈동자로 조용히 미소짓다가, 인왕산에서 불어오는 선선한 바람을 바로 맞으며 말했다.

"우리도 그렇게 만났잖니."

순간, 산의 바람이 바다의 바람으로 바뀌었다. 덴마크와 독일 사이, 우리가 아직 낯선 사람이던 때 그 바다에 불던 바람.

네가 우리 엄마를 만나보면 정말 좋아할거야

아무렴! 좋았고 말고. 2016년 여름, 아네뜨와 첫 만남 후, 쥴리의 코펜하겐 아파트로 돌아온 나는 곧장 귀국짐을 쌌다. 짐가방에는 내 것이 되리라고는 상상도 못 했던 것들이 담겼다. 덴마크 남자가 수십 년 전에 디자인했다는 스테인리스 스푼 두 개, 덴마크 여자가 오랜 시간을 들여 떴다는 양모가방, 그리고 오늘이 마지막날이지만 아직 끝난 게 아닌 것 같다는, 묘하게 울렁이는 기분.

2주 전 버스에서 만나 덴마크 바다를 건너며 이야기를 나눈 게 전부인 우리 둘은 앞으로 일어날 일을 몰랐다. 초를 켜고 마주 앉아 초콜릿 몇 조각과 녹차를 두고 작별 전야를 달랠 뿐. 소소한 대화를 나누다가 쥴리의 시선이 언뜻 내 핸드폰 배경사진 속 인물에게 닿았다.

"이게 너니?"

당시 내 핸드폰에는 다섯 살쯤 되는 여자아이가 기모노를 입고 나무에 기대어 배시시 웃는 사진이 걸려 있었다. 아이의 이름은 미라이(미래, 未來). 일본 베스트셀러 사진집의 모델이다. 나는 한국인이고 아이는 기모노를 입었지만, 우리가 덴마크와 독일의 전통의상을 구분하기 어려운 것과 같은 이치다. 나는 쥴리에게 설명해 주었다.

일단 아이는 내가 아니며, 아이 아빠의 친구가 사진작가인데 평소 미라이가 카메라 앞에서 천진난만한 장면을 연출해서, 사진작가가 미라이네 집에서 살며 사진을 찍었고, 그 사진집이 일본은 물론 한국에서도 베스트셀러가 되었다고. 아이의 꾸밈없는 모습 뒤로 일본의 계절이며 풍속, 문화가 고스란히 드러난 좋은 사진집이자 자료라고, 이런 사진을 찍는 게 내 꿈이라고.

여기까지는 평소에도 종종 하던 말이라 아무렇지 않았는데, 곧이어 전혀 준비한 바 없는 말이 내 입에서 흘러나오는 걸 느꼈다. 그야말로 의식의 흐름대로 나오는 말, 가족의 유산을 직접 들고 한국에 오겠다는 쥴리의 결단만큼 대담한 말이었다.

"힌 달쯤 시간을 주면 너희 엄마 사진을 찍어서 사진집을 만들어줄게."

사진은 이야기를 도울 뿐

 사람은 나침반이 될 때가 있다. 나침반의 위치를 이리저리 바꾸어도 침의 끝이 스스로 움직여 기어코 북쪽을 가리키듯, 응당 해야 할 것, 가야 할 곳의 방향으로 몸과 마음이 저절로 기우는 그런 기분이 들 때가.

 쥴리는 조금 놀라며 "고마운 제안이야. 엄마는 수줍은 사람이라 어떻게 생각할지 모르겠어"라고 답했고 우리는 남은 차를 비우고 다음 날 헤어졌다. 2016년 10월, 나는 일상으로 돌아와 어찌저찌 지내는 중에도 이날의 대화를 뭉근하게 품고 있었다. 아직 끝나지 않은 뭔가가 있는 것 같다는 기분에 계속 머물러 살았다.

 해를 넘기고 2017년 4월, 나는 쥴리에게 정식으로 제안했다. 지금에 와서 새삼 놀라운 것은, 우리가 6개월간 이 일을 화제에 올린 적이 한 번도 없다는 점, 나는 향후 출간 등 어떠한 청사진

제시도 없이 그저 "사진을 찍자"라고만 했다는 점이다. 우리의 삶이 급변하는 변곡점이었는데 그 시작이 이렇게 허술했다니.

여하튼, 정식 제안이라고 해봤자 그날 밤의 짧고 저돌적인 문장에서 나아진 것은 없었다. 그런데 낯을 많이 가리고 칠십 평생 집에서 혼자 하는 보석공예나 뜨개, 정원가꾸기를 가장 좋아한다는 아네뜨는, 나에게 아니 한국의 우리에게 문을 활짝 열었다. 내 짧은 문장을 아네뜨가 수용하기까지 줄리가 얼마나 섬세하게 풀어 설명했을까, 나는 상상하곤 한다. "엄마, 이상하게 들릴 수 있지만 한번 들어봐." 이렇게 시작했을까? 아니면 부연설명 없이도 아네뜨가 내 의도와 프로젝트의 의미를 파악했을까?

3개월 후, 2017년 7월 나는 아네뜨네 마당에 세워진 캠퍼밴에서 취재생활을 시작했다. 첫째 날, 거실에 아네뜨, 옌스, 줄리 그리고 내가 다시 모였다. 이런 일을 하자고 이렇게 다시 모였다는 것 자체가 상당히 비현실적이면서 또 마땅하게 느껴졌다.

나는 『이런 여행 뭐, 어때서(2012)』를 한 권 챙겨가 가족에게 선보였다. 5년 전 출간된 나의 첫 책이라니 가족은 반가워했다. 그때, 나는 예상치 못한 장면을 목도했다. 몇 장 훑고 말겠거니 했는데, 한 장 한 장 전부 넘겨보는 것 아닌가. 셋이 조로록 앉아, 거의 400페이지에 달하는 책을.

내 사진 스타일을 참고하라고 슬쩍 보여준 건데, 가족은 한글을 이해라도 하는 양, 보는 속도가 아니라 읽는 속도로 책을 훑았다. 온 가족이 판권 페이지와 뒤표지까지 꼼꼼히 읽는 모습을 오도카니 앉아 바라보며, 나는 사무치게 느꼈다. 이 가족은 나의 일을 존중하는구나. 그리고 확신했다. 우리는 함께 좋은 일을 할 수 있을 거야.

막상 한국에서 덴마크까지 날아왔지만 특별한 계획이 있는 건 아니었다. 각자 이삼일쯤 일상을 보낸 후 거실에 다시 모여 백지 한 장에 하고 싶은 일, 보여주고 싶은 것을 휘적휘적 써 내려갔다. 허니쟈 뜨기, 양말 뜨기, 플리마켓 같이 가기 따위의 미션을 나열하고, 아네뜨가 내키는 대로 보여주는 대로 나는 사진을 찍기로 했다.

본격적으로 시작했을 때, 옌스는 계획했던 미국 여행을 떠나고 집에는 여자 셋과 강아지 메시만 남았다. 도란도란 소꿉놀이 같은 포토북 프로젝트가 순항하는가 했는데, 우리 배는 머잖아 고민에 부딪혔다. 다크호스의 등장! 쥴리의 외할아버지이자 아네뜨의 아버지인 '어위' 때문이었다. "이런 것도 관심 있니?"라며 아네뜨가 어위의 흔적을 보여주기 시작하는데 어위가 출현을 거듭할수록 나는 혼돈에 빠졌다.

이 프로젝트는 '아네뜨와 아네뜨의 집, 그리고 작품'을 담은 '포토북'을 만드는 것이다. 아네뜨의 뿌리이자 배경인 어위를 포함하는 것은 물론 좋다. 그런데 어위의 작품을 일부 보여주고 캡션 설명만으로 간단히 언급하자니 안될 일이었다. 아네뜨와 어위 사이의 이야기는 물론, 어위라는 사람 그 자체가 너무나 흥미롭고 사랑스러웠기 때문이다. 첨단을 걷는 산업 디자이너이면서 딸에게는 평생 엽서를 보내고, 가족 중 누구보다 크리스마스 북을 아름답게 장식하고, 부엉이를 찾고 싶으니 크리스마스 선물로 손전등을 사달라는 할아버지 캐릭터가 빠진 이 책을 상상할 수 있겠는가.

사실 우리가 미리 표본으로 삼은 책이 있었다. 아네뜨가 소장한 책으로, 한 여인이 평생 단추를 수집해 정리한 사진집이었다. 아무 글도 없이 단추만 빼곡하게 찍어둔 사진집. 아네뜨가 그 책을 좋아하는 모습을 보며 비슷한 책을 만들어 선물하자 싶었던 게 계획의 전부였다. 그러나 우리의 포토북은 단 한 사람, 단 한 분야의 아카이빙북이 될 수 없다는 걸, 그러기엔 이 가족의 '이야기'가 너무 좋다는 걸 사진을 찍으면서 알아버렸다.

이야기를 중심에 두고 생각하니, 아네뜨의 집에서 만난 것들이 모두 그랬다. 뜨개, 업사이클링, 가드닝, 일, 관계, 심지어 캠퍼밴까지… 모든 것이 평범하면서 기억하기 좋은 서사를 깔고 있었다. 이 프로젝트의 정수는 이야기였다. 사진은 이야기를 도울 뿐! 그래, 이건 '가족 3대'의 '이야기'여야 해. 그래야 아네뜨가 설명이 되고, 쥴리가 설명이 된다. 나는 빠르게 결정했다. 이렇게 된 이상, 에세이로 간다!

빠른 결정 다음엔 다음 고민이 빠르게 닥쳤다. 한 가족의 이야기에 집중하는 책이라면, 책을 쓰는 사람(바로 나)이 왜 그 이야기를 각별하게 받아들이는지 배경이 설명되어야 한다. 쓰는 이는 둘 중 하나일 것이다. 성장환경이 이 가족과 같아서 동질감으로 반가운 사람이든가, 정반대인 사람. 나는 후자였다. 후자는 어떤 이야기를 들려줄 수 있을까?

내 성격에서 얼마 안 되는 장점 가운데 하나는 타인과 나의 상황을 비교하지 않는다는 것이다. 누구나 자기만의 천국과 지옥을 오가며 살고 있다고 생각할 뿐이다. 나는 아네뜨 가족의 이야기를 파고들었을 때 질투가 나거나 내 자리가 가엾지 않았다. 오히려 덴마크 가족처럼 살 수 없었던 내 가족의 역사가 담담하게 그려졌다. 그래, 이렇게 된 이상, 내 가족 이야기까지 들어긴다!

나는 기분이든 선택이든 즉각 쥴리와 나누었다. 쥴리는 나의 모든 결정이 옳다고 했다. 쥴리는 우리와 지인 몇몇 정도가 소장할 선물책이니 아무래도 좋다고 생각한 것일지도 모르겠다. 이 책이 우리를 어떤 미래로 데려갈지 전혀 알지 못하고.

같이 책 만들 사람, 손?

며칠 전, 새로 거래를 맺은 서점의 입고 담당자가 우리 책을 검토하더니 이런 질문을 했다.

"이 책, 무슨… '커뮤니티'가 만든 책인가요?"

나야말로 무슨 말인가 했더니, 판권 페이지에 〈크고 작은 고민을 함께 한 사람들〉이라는 항목이 있어서 단체나 공동체에서 함께 만든 것인가 싶었다고. 이 책이 어떻게 만들어졌는지 알아채 준 사람은 처음이었다. 나의 사랑스러운 책 만들기 커뮤니티, 일명 '좋은여름 노조'. 그들을 소개할 차례가 드디어 왔다.

2017년 9월, 이야깃감으로 만선이 되어 귀국하여 바로 작업에 착수해 이 멋진 책을 만들었…을리 있나. 나는 도통 손을 대지 못했다. 내가 가지지 못한 것, 우리 가족에겐 없는 것을 낯선 공간에서, 짧은 시간 동안, 선명한 비주얼로 집중 투여받고 돌아온 상황이었다. 사진을 찍는다는 건, 기차 안에서 바깥 풍경을 대하듯 흘려보며 감탄하는 게 아니다. 초집중하다가 제대로 낚아채야 하는 일이었다. 밀도 높은 시간을 보내고 돌아온 후유증이었을까. 좋은 이야깃감을 손에 쥐면 당장 결과물을 빚어낼 것 같았지만, 내가 보고 겪은 것을 어떻게 정리해야 할지 엄두가 나지 않았다.

2018년 10월. 2017년이 아니라 2018년이다. 일년이나 흐른 후에야 나는 겨우겨우 초고(처음 쓴 원고)와 제목을 손에 쥐었다. 제목 만들기는 쉬웠다. 언젠가 할머니 일러스트를 그리고서 '상래희망은 귀여운 할머니입니다'라고 적어 블로그에 올려둔 적이 있었다. 글을 쓰기 전부터 제목은 무조건 그 문장이라고 선언하고 시작했다. 다른 후보는 만들지도 않았다. 간결하게 명사로 끝내고 쉼표 하나를 넣는 것으로 끝!『장래희망은, 귀여운 할머니』 쉬우면서도 예쁘고 든든한 제목이었다.

하지만 초고는 달랐다. 글을 써본 분들은 아시듯, 초고란 쓰레기다. 가야 할 길이 구만 리인 코흘리개 수준의 글 또는 걸러내지 않은 욕망이 가득한 정념 덩어리다. 그런데 초고를 내려다보는 내 안에 어떤 용기가 생겼는지 가상한 포부를 품어버렸다. '덴마크 가족을 위한 크리스마스 선물로 책을 완성하고 싶다. 크리스마스까지 실물을 보내지 못해도 괜찮다. 일단 사진만이라도 보내자!'라고.

출판사에 투고를 한다면 투고 메일 더미에 끼어 그대로 사장될 확률이 높다. 연이 닿는다 해도 출간일을 보장할 수 없다(초고

단계인 주제에 고민이 장대하다). 사람이란, 이도 저도 할 수 없을 때, 가장 무모한 도전을 하게 된다. 이렇게 된 이상, 독립출판이다!

허황된 것만은 아닌 게, 내게는 배 12척만큼 든든한, 출판업에 종사하는 친구들이 12명 이상 있었다. 그들에게 도움을 받으면 되지 않겠나 싶은 마음이었다. 그러나 때는 11월(투고를 하느냐 마느냐 고민을 하는 사이 11월이 되어버렸다), 누구나 바쁘고, 새로운 일을 벌이기보다 마무리하는 연말. 부탁하면 도와줄 천사들이지만, 나는 조금 덜 부담스러운 방법을 택해보기로 했다. 누가 볼지 모를 모집공고(?)를 인스타그램에 내걸었다. 이렇게.

사람을 찾아요.

단행본 출판, 인쇄, 디자인 해보신 분?
12월이 적적한 분이면 더욱 좋아요.

무엇을 언제까지 어떻게 할 건지 어떤 언급도 하지 않았지만 선천적 호기심에 미끼를 물어버린 디자이너, 문화기획자, 편집자, 독립출판을 해본 친구 들이 스멀스멀 손을 들더니 모두 같은 질문으로 메시지를 보내기 시작했다.

"뭐… 하는 건데요?"

나는 '뭐'에 대한 설명을 늘어놓고 공유파일로 만들어 둔 초고 링크를 보내주었다. 이 (너덜너덜한) 이야기를 단행본으로 엮고 싶다고, 할 수 있는 일이 있다면 해보지 않겠느냐고, 물론 그대가 원한다면 말이다.

"이 일이 당신의 기울어진 가세를 일으켜 세울 수 없으며, 장밋빛 미래를 가져다주진 않겠지. 허나 재밌지 아니하겠나. 분명 올 한 해도 별것 없이 끝나가고 있을 텐데 뿌듯한 업적 하나 남겨야 하지 않겠어?"라고 당당하게 굴자, 친구들은 어느새 톰 소여의 꾀에 홀린 동네 어린이들처럼 스스로 페인트붓을 쥐었다. 그 페인트공들이 바로 판권 페이지에 적힌 이름들이다.

우리는 저마다 다른 페인트붓을 들고 저마다 칠할 수 있는 부분을 나서서 칠했다. 마감일은 없었다. 할 수 있을 때 하고 싶은 일을 했다. 또는 하고 싶을 때 할 수 있는 일을 했다.

함께 고민하고 함께 해결하며 한 달을 보내자, 크리스마스 전날 밤에 이윽고 인쇄용 최종 파일이 마련되었다. 모든 불을 끄고 컴퓨터만 켠 방, 아무것도 없는 새까만 천지에 우리 책만이 네모나고 푸른빛을 발하며 존재하는 듯했다.

사람들은 이 책을 덴마크 가족의 이야기로 보겠지만, 나로서는 256페이지 사이사이에 커뮤니티 사람들의 고민과 선택, 취향, 즉 삶이 쌓여있는 게 보인다. 이 문장은 이 사람이 고쳐주었고, 저 사진은 저 사람이 골랐으니까. 전혀 독립적이지 않은 독립출판이다.

인터넷 인쇄소 웹사이트에 파일을 업로드하고 〈주문하기〉 버튼을 클릭했다. 나는 모든 긴장을 내려놓고 의자에 완전히 기대었다. 아득함이 밀려오더니, 이런 말이 그저 새어 나왔다.

"와… 이걸 하네, 이걸 우리가 해내네…."

"내가 제일 좋아하는 사진이 당연히 표지 아니겠어?"
첫 가제본. 실제 인쇄를 하기 전에 테스트용으로 딱 한 권만 만드는 책이다. 원고를 쓰며 표지를 상상했을 때, 이 사진이 무조건 표지라고 생각했다.
덴마크 집, 그때의 날씨, 업사이클링 가방, 식물, 빨간 신발, 아네뜨의 귀여운 포즈! 모든 요소가 들어 있는 완벽한 사진 아닌가! 여리한 분홍색을 바탕에 깔고 사진과 제목, 저자 이름만 올리고 뒤표지는 비워야지! 쿨하고 시크한 표지가 될 것임이 분명했다.

장래희망은, 귀여운 할머니

하정

좋/은/여/름

분홍 표지를 본 호근(치즈 스마일 스튜디오 대표이자 드로잉 꼬꼬마)이 고개를 저었다. "선생님, 앞모습을 표지로 쓰려면 인물의 눈동자가 잘 보여야 합니다. 그런데 그 사진은…"
그렇지 않았다. 인물 표정이 강조된 사진이 아니었다. 화질이 좋지 않아 확대할 수도 없었다.
"그럼 어쩌죠?"
우리 커뮤니티의 특징이라면, 말한 사람이 해결책을 찾아온다는 것이다. 호근은 본문 사진을 후루룩 훑더니 그중 하나를 골라 이렇게 표지를 만들어 보내왔다. 아네뜨, 쥴리, 옌스, 내 호텔 겸 사무실이었던 캠퍼밴 오리온, 가족의 눈동자에는 사진을 찍는 내가 담겨있으니 그야말로 모두가 담긴 완벽한 사진이었다. 오리온의 이름이 파랑 글씨로 적혀있는 것은 백미! 이런 사진을 놓쳤다니! 나는 무릎을 탁 치며 말했다.
"이 사진이야말로 표짓감입니다!"
2018년 12월 23일, 인쇄 예정일 전날이었다.

호근으로부터 _ 인물들의 표정에서 감정이 느껴지고 현장이 상상되었어요. 이 가족의 분위기는 어떨지, 사진을 찍는 하정과 쥴리가 서로 얼마나 편안한 사이인지 같은 것들 말이에요. 사진의 색감도 따뜻하고 귀여운 분위기가 담겼으면 좋겠다고 생각했고요.
오리온도 귀엽지만 어른 셋이 함께 있는 모습이 얼마나 귀여워요! 할머니는 곧 하정에게 장난을 거실 것 같고요. 원본사진의 나무는 초록인데, 출간 시기가 겨울이라 추워 보일듯해 노란 톤으로 바꾸어 봤답니다.

웬걸! 덴마크 가족이 캠퍼밴 표지를 반기지 않았다. 나는 원고를 끝내자마자 디자인을 하느라 기진맥진해서 새 표지를 고민할 에너지가 없었다. 연말연시였기에, 우리가 하루를 더 쓰면 인쇄가 하루만 늦어지는 게 아니라 한 해를 넘겨버리게 되는 상황이었다. 크리스마스 전에 인쇄하는 것을 목표로 커뮤니티가 함께 20인 21각이라도 하듯 틈 없이 달렸는데 여기에서 템포를 흐트러뜨리고 싶지 않았다. 나는 분홍 표지로, 원래 일정대로 내일 인쇄하겠노라 했지만 덴마크 가족은 다른 사진을 좀 더 둘러보자는 의견이었나.

대치 상황을 홀연히 해결한 것은 연선(오앤필름 대표이자 드로잉 꼬꼬마)이었다. "쌤. 이 사진 좋은데?" 하더니 이런 표지를 보여주는 게 아닌가! 나는 또 무릎을 쳤.

두 세대가 뭔가를 같이 하는 모습, 마치 윗세대가 아래 세대에게 지혜와 노하우를 전수하는 이야기가 그려진다. 쥴리도 같은 뒷모습이었다면 밋밋했을 텐데 아네뜨 쪽으로 몸을 반만 틀고 허리에 손을 얹었다. 마냥 수용적인 포즈가 아니라서 좋다. 게다가 웃는 옆얼굴까지! 나도 덴마크 가족도, 커뮤니티도 찬성!

"이보다 더 좋을 수 없다!"
12월 24일, 표지 확정. 인쇄가 시작되었다.

연선으로부터 _ 책에 들어가는 사진을 직접 보정했기 때문에 어떤 사진들이 있는지 잘 알고 있었습니다. 캠퍼밴 사진은 어느 정도 이야기가 전개된 후 본문에서 쓰이면 좋겠고, 표지로는 다른 사진이 좋겠다고 생각했어요. 아네뜨를 바라보는 쥴리의 몸과 시선의 방향으로 장래희망의 대상이 되는 '귀여운 할머니'가 누구인지 넌지시 힌트를 주는 사진 같았어요. 가운데 놓인 펜던트는 이 집이 어떤 집인지 살짝 보여주는 느낌! 이 사진이 표지로 결정되었다는 소식에 정말 기뻤습니다.

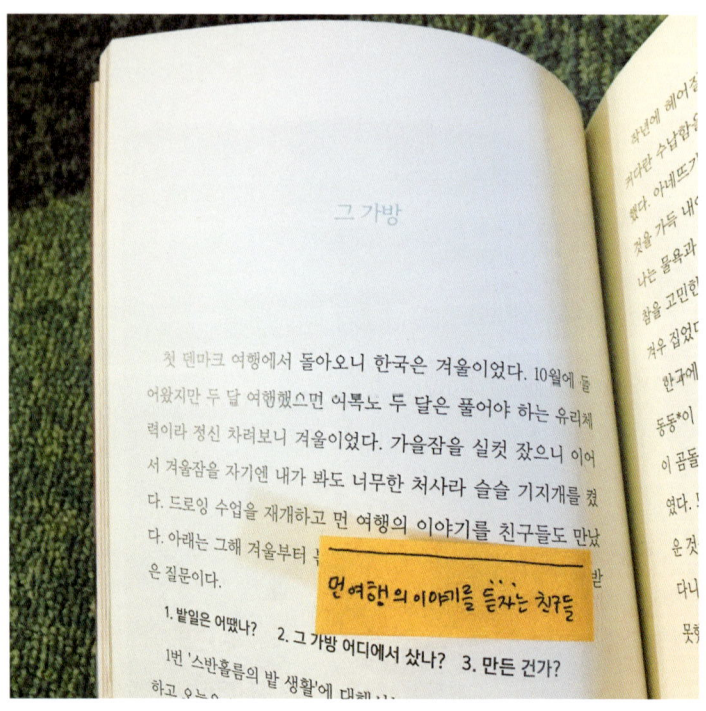

인쇄를 마치고 도착한 책을 펼쳤는데 단어 하나가 통째로 빠져 있는 게 아닌가! 여러 사람이 몇 번이나 검수했는데 이런 실수가 있다니 황당했다. 나는 빠진 단어를 포스트잇에 써넣고 책에 일일이 붙여 세상에 내보냈다. 민망하고 창피했는데 이상하게 독자들은 이 버전을 혼내지(?) 않았다. 오히려 재밌어했다. 2쇄에는 수정 반영했는데, 이 희귀 누락본으로 꼭 사고 싶다는 요청이 있어서 딱 한 권 소장하고 있던 1쇄를 팔기도 했다. 이후로도 인쇄할 때마다 글과 사진 선정, 배치를 개선하고 있다.
이 책이 지금의 모습을 갖추고 있는 건 실수나 오류를 재밌게 봐주는 독자들의 마음 씀씀이 덕이다. 마치 코가 빠진 뜨개 스웨터도 어여삐 여기며 잘 입어주는 것처럼. 귀여운 사람들!

p.s. 이후 나는 다른 책들을 출판하며 조금 있던 완벽주의병이 말끔히 나았다.

아네뜨 가족의 환대에 보답하는 선물로 제작했지만 딱 그만큼만 인쇄하자니 권당 단가가 너무 비쌌다. 보통 독립출판물 인쇄 수량이 삼백 권이라기에 그만큼 인쇄를 하고 선물 외 남은 분량은 판매해 제작경비를 충당하기로 했다.

독립출판의 세계를 몰랐던 나는 독립서점의 존재도 잘 몰랐다. 동네에서 가장 가까운 곳 하나, 편집자의 소개로 광주광역시의 서점 하나, 서울에서 가장 유명하다는 곳 하나 이렇게 세 서점으로 유통을 시작했다. 입고 요청 이메일 쓰기는 독립출판을 해본 적 있는 드로잉 꼬꼬마가 도와주었다.

2018년 12월 25일 초판 1쇄 이후, 인쇄를 거듭했다. 주문에 응대하느라 본업인 드로잉 클래스 작업실이 택배상자며 송장종이로 뒤덮이는 등 관리가 안 될 무렵, 물류센터를 통한 유통을 시작했다. 인터넷 서점에서도 판매를 시작했다. 이는 곧 출판사가 되었다는 것, 우리 책에 ISBN이라는 고유한 번호, 사람으로 치면 주민등록번호가 부여되는 것을 의미한다. ISBN을 가진 책은 국립중앙도서관에 의무적으로 비치된다. 이는 나라가 망하지 않는 한, 우리가 세상에서 사라져도 책은 남는다는 뜻. 쥴리와 함께 이야기 나누었던 '우리의 유산'(p203)이 떠올랐다.

선물, 책, 유산… 산뜻한 에너지 덩어리 세 개가 서로의 손을 잡고 마치 캠프파이어를 하듯 동그랗게 선 이미지가 그려졌다. 2019년 5월까지의 일이다.

이렇게 멋진 사람들이구나

유통망 구성을 마친 후, 2019년 8월 첫 북토크를 열었다. 장소는 우리 집 거실. 버스에서 쥴리에게 초대받아 코펜하겐의 아파트에서 지낼 때, 나는 거실 겸 서재인 공간을 썼다. 할머니의 낮잠 침대와 책상, 할아버지의 팔레트, 5대째 내려오는 인형의 집이 있던 방이다. 아네뜨를 처음 만난 곳도 거실이었고, 포토북 프로젝트를 하며 우리가 가장 자주 오래 둘러앉았던 곳도 거실이었으니 첫 북토크의 장소가 거실인 것은 당연했다. 내가 받은 환대하는 마음을 한국의 독자들에게 그대로 돌려주고 싶었다. 가장 귀한 손님은 가장 안쪽으로 모신다!

혼자 사는 집에 6~8명분의 식기가 있을 리 만무. 아래층 도자기 공방 〈그리다널〉과 빈티지 수집가 친구 혜선에게서 찻잔이며 식기를 빌렸다. 동네 과자점 〈빠띠세리 희원〉에서 라즈베리 케이크도 주문했다. 덴마크에서 내 생일상에 옌스가 놓아준 케이크(p174)와 똑같이 만들어 달라는 요청을 잊지 않고. 그 밖에 버터와 잼, 담백한 빵을 올리자 덴마크에서 받았던 티테이블, 생일 테이블의 구성과 똑같았다. 다른 점이 있다면 한국인들이 둘러앉았다는 것뿐!

시간과 공간에 제약이 없어서 그런지 거실 북토크는 예정한 시간을 넘기기 일쑤였다. 오후 5시에 모여 밤 11시에 헤어진 회차도 있었다. 사람을 좋아하는 동동이는 매일 북토크가 열리길 기대했을지도 모른다. 거실 북토크의 가장 중요한 순서는 자기소개다. 내 소개 말고 참가자들의 자기소개. 나이, 직업을 밝히는 게 아니라 소중하게 여기는 물건을 하나씩 가져와 그 사연을 들려주는 게 곧 자기소개다. 돌아가신 아빠가 차던 시계, 경제상황이 어려웠던 지인이 있던 돈을 모두 털어 사준 선물, 엄마가 시집올 때 외할머니가 맞춰준 트렌치코트… 우리는 이름이 아닌 '무엇무엇을 가지고 있던 사람'으로 서로를 기억했다. 물건에 깃든 이야기의 힘을 빌려 낯선 서로에게 뭉근히 물들기. 나와 덴마크 가족의 방법이다.

책이 세상에 나온 후 일어난 각종 현상(?) 중, 전혀 예측하지 못한 부분이 있다. 독자들은 가드닝, 자수, 빈티지 소품 등등 자신과 아네뜨 가족이 공통으로 가진 취향을 발견하고 SNS에 게시하며 반가워했다. 어떤 독자는 쥴리와 아네뜨가 키우는 꽃화분과 같은 꽃을 키우는데 그 이름이 델피늄이라든가, 어떤 독자는 책 표지의 빨간 팬던트와 같은 것을 가지고 있는데 덴마크를 대표

하는 디자이너 베르너 팬톤 Verner Panton의 플라워 팟이라든가 하는 상세한 내용을 써주었는데, 나는 '내가 기록한 것을 확장한 독자의 콘텐츠'를 읽으며 비로소 "아, 그게 그런 거구나." 하며 역으로 배워나가는 것이다.

여러 취미나 취향 중 가장 극적인 반응이 나타난 분야는 바로 '뜨개'였다. 우리 과몰입 뜨개러들은 뜨개를 하는 귀여운 덴마크 할머니가 그저 반갑기만 한 게 아니라, "나도 그것을 뜨겠다"는 의지가 확고했다. 처음엔 혼자 뜨는 모습이 SNS에 산발적으로 보이더니 머지않아 함께 뜨기, 줄여서 '함뜨' 모임을 하고 싶다는 연락이 왔다. 허니쟈를 뜨고 싶은데 책에 설명이나 도안이 없으니 가르쳐 달라는 메시지였다.

나는 그때나 지금이나 뜨개의 '뜨'도 모르는 사람. 델피늄인지, 베르너 팬톤인지 정보를 파고들기보다는 그것들을 사진 프레임 속 좋은 형태와 색으로만 인식했던 나는, 허니쟈 역시 비주얼과 이야기가 중요할 뿐, 따라 만들 수 있는 것인지 아네뜨에게 물어본 적도 없었다. 이참에 아네뜨에게 상세한 뜨개 레시피를 받아 함뜨 모임에 전달해 주었는데, 서울 함뜨의 활동이 전해지자 원주, 제주까지 모임이 생겼고, 모두 삭품 발표 전시회까지 열었다. 어쩜 이렇게들 마무리까지 야무질까.

우리 독자들은 좋아하는 것을 함께 좋아할 사람을 기다리고 있었다는 듯 취향과 욕망을 열심히 드러내고, 만나고, 시간과 마음을 나누고, 근사한 작품을 완성했다. 결성부터 마무리까지 멤

독자로부터 _

북토크에 나타난 아네뜨? 충주의 시골우체국 옆에 자리한 카페 〈아무것도 아닌곳〉에서 열렸던 북토크에 참가한 현숙이라고 합니다. 지인이 이 책을 소개해 주었어요. 책을 사서 식탁에 올려두었더니 남편이 보고 하는 말! "당신이 왜 여기에 찍혀있어?"
저랑 아네뜨랑 정말 닮았나요? 북토크에 조금 일찍 도착해 장소를 구경하고 있는데 참가자들이 도착할 때마다 화들짝 화들짝 연쇄적으로 놀라는 것도 재밌었어요. 북토크가 끝나고 한 분씩 제 옆에 서서 함께 뒷모습 사진을 찍었답니다. 표지의 아네뜨와 쥴리처럼요.

버들의 자발적인 아이디어로 진행하는 모임이었고, 나는 새 지역에서 연락이 오면 먼저 활동한 모임의 대표와 연결해 주는 역할 정도를 자처했다. 서로 시행착오를 줄이고 더 즐겁게 뜨는 팁을 얻으라고 말이다.

곧, 내가 사람들을 찾아갈 차례가 왔다. 전국 각지의 독립서점, 도서관, 학교, 북스테이, 북카페에 사람들이 모였다. 나는 기차나 버스에 들고 타기에 부담스럽지 않은 트렁크를 하나 사서 허니쟈, 행운의 주전자, 어위의 연필 등을 담아 그곳을 찾았다. 독자들이 주전자를 들어보고 "예상보다 훨씬 무거워요!"라며 놀라거나 허니쟈를 아이라도 안듯 조심히 안아들고 사진을 찍자 책의 세계가 한층 깊고 넓어지는 것이 훅 느껴졌다.

그때, 할 일이 한 가지 떠올랐다.

쓴 사람은 모르는 백일장

 세상에 공짜란 없다. 독자들은 덴마크 가족과 나의 이야기 값을 자신의 이야기로 치렀다. 북토크 현장에서 직접 듣기도 SNS나 인터넷 서점 서평으로 엿보기도 했다. 길고 짧은 이야기가 가득 쌓여 인스타그램에 남겨진 후기만 2천 개가 넘었을 때, 문득 답례를 하고 싶었다. 안식년 중이던 친구 미미의 도움을 받아 네이버 블로그, 카카오 브런치, 인스타그램에 올라온 후기를 모~~두 모아 모~~두 읽고 장원, 차석, 장려상을 제정해 글쓴이에게 댓글이나 메일로 기쁜 소식을 알렸다. 〈쓴 사람은 모르는 백일장〉에 당선되었으니 선물을 보내겠다, 택배 3종, 그러니까 성명, 주소, 연락처를 달라!

 자기도 모르는 사이 백일장에 급제하고야 말아버린 글쓴이들은 이 상황을 얼마나 재밌어할까? 그들의 얼굴을 떠올리며 신나는 상상으로 가득 찬 나는 수천 개나 되는 후보작을 하나하나 읽어 내려갔다. 그런데 갈수록 예상치 못한 감정이 밀려왔다. 화가 났고, 원망스러웠고, 서글펐다. 상처 받았던 사람, 상처가 벌어진 채 쓰라린 바람을 맞았던 사람, 시간의 힘으로 딱지가 떨어지고 흉도 안남아 아무일 없던 듯 살았지만 언젠가의 상처가 다시 올라온 사람 들이 거기에 있었기 때문이다.

> 어릴 적 썼던 시와 글, 끄적거렸던 그림들이 사라졌다는 사실이 슬펐다. 더 크고 광활했던 나의 세계를 지켰어야 했는데…
>
> ∽
>
> 손으로 만드는 걸 좋아하는 내가 요즘 뜨개질과 자수에 게을러진 것은 그런 걸 쓸모없다고 말했던 누구 때문일지도 모르겠다. 자꾸 눈치를 보다 보니, 그가 보고 있지 않아도 마음껏 하지 못하게 된 것 같다. 좋아하는 걸 누군가와 나누는 건 얼마나 재밌는 일일까?
>
> ∽
>
> 내가 좋아하는 나의 일들이 나의 삶에 불평등을 만드는 존재가 아니라 내 인생에 둘도 없는 친구가 될 수 있다는 사실을 덴마크 가족의 삶에서 알게 되었다. 내 영향력이 보잘 것 없을까 봐 타인 앞에 나를 내보이기를 두려워한 모든 세월이 불필요했다는 깨달음과 함께.
>
> ∽
>
> 어릴 적 나는 장래희망이 뭐냐는 질문에 "좋은 할머니가 되는 것"이라고 말했다가 사람들의 반응에 움츠러들게 되었다. 나의 예쁜 꿈은 내 마음속에서만 커졌다. 『장래희망

은, 귀여운 할머니』… 오랜 친구를 만난 것 같았다.

⁓

 나도 내가 쌓아왔던 어릴 적 그 열정을, 나의 이야기를 소중히 간직해 주지 않았던 나의 가족과 환경을 원망했던 적이 있다. 조금만 나에게 지지를 보내주었더라면 나는 좀 더 초연한 마음을 가진 사람이 되었을 텐데. 적어도 지금의 나처럼은 아니었을 텐데… 나도 내 이상과 꿈에 걸맞은 나무의 씨앗이 되어보려고 한다.

 당신들은 왜 나의 모습으로 그곳에 있는가…. 나는 어떤 기억들 속으로 속절없이 빨려 들어갔다. 덴마크 가족과 책 만들기 커뮤니티, 독자들에게 지지와 응원을 받으며 어느덧 흐릿해졌던 그 기억의 시간들로.
 부정당하거나 무시당해도 패기있게, 아니면 유쾌하게 밀고 나갈 수 있었을 텐데 그저 주눅이 들고 눈치를 보고 스스로 포기했었다. 일요일에 학교에 가서 텅 빈 운동장이나 교실에서 혼자 그림을 그리다 집으로 돌아올 뿐이었니까. 아무도 보지 않는 곳에서 나의 세계는 작고 약하게 자랐다. 지키지 못한 꿈 조각들은 순순히 사라져 주지 않는다. 아주 깊은 곳에 날카롭게 자리하고 있다가 결정적일 때 나를 찌르고 주변 사람들도 찔렀다. 삶이 나를 돕지 못하게 했다.
 여는 글(p6)에서 이 책을 '나와 닮은 사람이 있다면 함께 바라보고 싶은 기록'이라고 썼듯, 유사한 경험을 했을 존재들을 당연히 의식하고 있었다. 하지만 그들의 일기장을, 돌이킬 수 없는 시간과 경험을 짚는 뒷모습들을 보게 될 줄은 몰랐다. 역으로, 그곳에 적힌 이야기가 차마 글로 내보이지 못한 내 이야기라는 것은 알았다.

나는 '더 크고 광활한 세계'라고 쓰고 마침표를 찍지 못한 독자의 문장 끝에서 오래 머물렀다. '얼마나 재밌는 일일까?'라며 상상에 머물러 있는 문장의 끝도 오래 곱씹었다. 그러다가 글쓴이들의 깊은 밤을 창 밖에서 지켜보는 존재가 되는 상상을 했다. "정말 재밌는 일이야!라고 말할 때가 반드시 올 거예요", "당신의 기쁜 발견과 작은 다짐을 축복해요"라고 읊조리는 존재.

독자들이 책을 읽거나 글을 쓸 때 기뻤을지 눈물을 떨구었을지 알 수 없지만, 나는 분명하게 일러둔다. 만약 울었다면 당신은 결코 혼자 울지 않았으며, 우리와 같은 사람들이 여기에 아~~주 많다고. 무엇을 좋아하든 무엇을 꿈꾸든 상관없는, 모두가 안전한 이 놀이터에서 우리 다 함께 놀자고.

독자들의 허니쟈
같은 레시피라 해도 뜨는 사람의 기질에 따라 다른 모양과 질감의 허니쟈가 탄생한다. 왼쪽부터 서울 멤버(여진), 제주 멤버(기희), 원주 멤버(엘리)의 작품

Meet and Knit _ inspired by Anette

나는 아네뜨를 관찰하듯 각지의 함뜨 모임을 지켜보았고, 연말에 기록 사진을 받아 2020년 달력을 만들어 멤버들에게 선물했다. 물론 덴마크에도 보냈다.
힘뜨 멤버들은 코로나19로 단절의 시대를 통과하며 모임 인원수 제한 등 복잡한 상황에서도 어떻게든 만났다. 포근한 뜨개실을 만지는 시간, 서로의 안부며 세상사 이야기를 나누다 보면 무언가가 탄생하는 시간 덕에 힘든 시기를 무탈히 넘길 수 있었는지도 모르겠다.

제주 허니쟈 전시회 〈로스코 프로젝트 Rothko Project〉
마크 로스코의 단색화에서 색 조합을 착안하고, 일제강점기에 섬을 떠날 수밖에 없었던 제주 난민, 2018년 제주에 정착한 예맨 난민 이슈를 허니쟈에 담았다. '살기 위해 마지막 가방까지 버려야 하는 사람들과, 좋아하는 색깔을 골라 가방을 만드는 우리를 바늘과 책으로 꿰어 서로의 손을 잡게 하는 프로젝트'라는 전시 설명.
제주의 굴곡진 빛 아래 동동 떠 있는 허니쟈를 아네뜨, 줄리와 나란히 서서 바라보는 상상을 했다. 우리는 같은 말을 했을 것이다.

"이렇게 멋진 사람들이구나, 우리 독자들은."

몰래 보내는 선물

나는 그 바람을 잊고 있었다. 덴마크에서 독일 사이에 바다가 있는 줄, 버스를 페리에 곧장 실어버릴 줄 몰랐던 나는 바닷바람에 대비할 겉옷도 없이 데크에 나갔다. 독일인, 한국인, 덴마크인. 쥴리앙, 나, 쥴리. 응당 그래야 하는 것처럼, 우리는 버스에서 앉았던 순서 그대로 데크 벤치에 아기 펭귄들처럼 찰싹 붙어 앉았다. 왜 그 바람을 그렇게 다 맞아가며 이야기를 나누었는지는 모르겠다. 페리 안에 레스토랑도 있고 버스 안에 머물러도 됐는데 말이다. 차암 이상한 사람들!

"…맞아. 우리도 그렇게 만났지… 그렇지…"

내 인생에서 우연, 인연이라는 단어의 뜻을 가장 강렬하고 적절하게 배운 경험이었다. 쥴리는 아무런 준비도 없이 독일에 떨어진 나에게 트램 티켓을 사주고, 받지 못할 게 분명한 10유로를 빌려주고, 집에 초대하고, 엄마 집에 데려가고, 가족의 이야기를 낯선 나라에 드러내고, 이제는 두 번째 한국에 와있다.

나는 덜컥 미안한 마음이 들었다. 옌스와 캠퍼밴 오리온의 사연을 새까맣게 잊었던 때처럼, 지난 5년간 반짝였던 신기하고 귀엽고 고마운 일들의 은하수에 휩싸여 우리의 시작을 잊고 있었다. 또 나는 얼마나 많은 배움, 우연, 인연을 잊어가고 있던 걸까. 조용히 반추하는 사이, 쥴리가 말했다.

"사실 이번 휴가는 내가 일을 시작한 지 25주년이 되는 해를 기념하는 여행이야. 결혼 25주년을 특별히 축하하잖니. 나는 내 커리어와 인연 맺은지 25주년 되는 올해를 기념하고 싶었어."

나는 말문이 막혀버렸다. 쥴리는 사람을 놀라게 하는 재주가 있다. 그것도 아주 결정적인 순간에, 이렇게 담담한 톤으로. 예를 들자면, 쥴리는 내 생일이나 크리스마스 즈음에 선물을 보내곤 하는데, 추적이 가능한 EMS가 아닌 '보통' 국제우편으로 보냈다. 엽서 몇 장은 분실되기도 했다. 우리 집은 문을 열면 바로 마을버스와 관광객들이 지나다니는 한길이다. 한번은 납작한 상자가 문 앞에 덩그라니 놓여 있길래 열어보고는 깜짝 놀랐다. 생일 축하 메시지와 함께 들어 있던 것은 아네뜨가 직접 뜬 조끼와 자수작품, 그리고 어위 할아버지의 판화 작품… 나는 등줄기가 서늘해졌다. 이런 작품들을 보통우편으로 보내다니!

물론 우리나라가 우편물 분실 위험이 낮은 나라긴 하지만, 누군가의 발치에 걸려 상자가 길에 나뒹굴 수도 있던 상황이다. 나였다면 이중삼중으로 보안과 추적을 제공하는 우편서비스를 찾고, 매일 조마조마한 마음으로 온라인 배송추적을 했을 것이다 (실제로 덴마크에 물건을 보낼 때는 반드시 추적이 가능한 우체국EMS를 통했다).

"사라진다면 그건 또 그런대로 운명인 거야"라고 생각하는 걸까. 만나든 헤어지든, 끝내 닿든 아쉽게 어긋나든 그대로 받아들이라고, 덴마크 가족은 내게 가르치고 있는 걸까. 나는 사라진 엽서 한 장도 아까와 죽겠는 소인배인데….

그렇게 의미있는 여행을 한국으로 와주다니 내내 아무말, 아무 내색하지 않다가 출국 전날, 우리가 만나 이야기 나눌 수 있는 마지막 시간의 끄트머리에야 말하는 사람이 쥴리다. 이렇게 담담하게, 따듯한 회색으로.

"호들갑도 떨고, 유세도 부려달란 말입니다!"라고 요구하고 싶지만 쥴리와 함께 있는 시공간에서는 나도 그 톤에 물드는 걸 어쩔 수 없다. 지나가는 결에 스쳤을 뿐인 종이인형을 다음 해 생일 선물로 준비하고(p166), 기념일을 기억하고 선물을 미리 보내놓는 사람. 얼핏 보기엔 내가 먼저 포토북 프로젝트를 제안하고 책을 만들어 낸 것 같지만, 사실 나는 저지르고 잊어버리는 일을 했지, 다 기억하고 준비하고 용감하게 실행하는 저 회색 눈동자가 여기까지 빚어 놓은 일인지도 모른다. 검은 눈동자는 그저 기록할 뿐, 기쁘고 귀엽게.

쥴리, 일, 25주년, 기념… 단어들을 입 안에서 굴려보았다. 나도 비슷한 단어들로 비슷한 문장을 만들어 낼 수 있었다. 2023년

12월 24일은 '결국 에세이가 된 우리의 포토북'이 첫 인쇄 5주년을 맞는 날이다. 내가 할 수 있는 방식으로 5주년을 축하하되, 쥴리를 따라해보려 한다. 덴마크 가족은 이 책이 곧 빨간 옷을 입고 세상에 나오는 줄 모른다. 독자들도 모른다. 클라우드 펀딩이라도 하며 동네 잔치하듯 판을 키울까도 했지만, 덴마크 가족도 우리 독자들도 어느날 문 앞에 툭 놓인 허니쟈를 선물받는 기분을 느껴보시라고 조용히 준비하기로 했다.

쥴리가 생일과 크리스마스를 축하하려고 선물을 보냈다면, 나는 누구도 빼앗아갈 수 없는 우리의 우연, 경험, 인연, 취향 들에 건네는 선물을 만들고 싶다. 찰나의 영감을 믿고, 그것을 삶으로 깊이 데려와 대담하게 도전하고 섬세하게 가꾸어 기어코 좋은 유산으로 만드는 아네뜨와 쥴리 같은 사람 - 바로 당신 앞으로 몰래 보내는 선물.

축하하고, 고맙습니다.
그리고 메리 크리스마스!

2023년 12월 24일
하정 혹은 썸머 보냄

Sept. 2020

Dear Summer,

A little, late Birthday-package from us in Denmark with many good wishes for your next year!

My mother made the vest with (un-used) yarn from a flea market – hope it fits you. She also made the embroidery, back in the 60ies or 70ies, she has an identical one herself, so now you have the same ; And finally, we thought you should have one of my grandfather's pictures: this is a cold needle-etching, coloured with water colour. I wonder what landscape he was dreaming of...?

We are all well in these strange times. Hope you are too! Take good care of yourself. Hugs from Julie

> Happy Birthday ♡
> frm Anette

2020년 9월
썸머에게
조금 늦었지만 생일 축하 선물을 보내. 내년에 더욱 좋은 일이
생기길 덴마크에서 기도할게!

엄마가 플리마켓에서 산 실(새것)로 짠 조끼야. 잘 어울렸음 좋겠어.

그리고 이 자수도 엄마가 놓은
건데, 60년대 아니면 70년대에
하셨대. 똑같은 걸 2개 만드셨
다니 엄마와 너는 같은 작품을
가지게 되는 거지 :)

From Aage
(1978)

마지막으로, 우리 가족은 네가 할아버지의 그림을 가져야
한다고 생각했어. 에칭 동판화(Etching)에 수채화를 접목한
작품이야. 할아버지가 어떤 풍경을 꿈꾸었을까 궁금해.
낯선 시대를 살고 있지만, 우린 모두 잘 지내고 있어.
너도 그러길 바라며.
Hugs
쥴리 보냄

2017년 덴마크 가족과 함께 했던 생일(p88)에 고른 산호 화석 목걸이

그 목걸이와 함께 내 앞에 놓였던 일본산 진주 목걸이
쥴리는 첫 한국 방문 때 이 목걸이를 나의 좋은 친구 '은하'에게 선물했다.

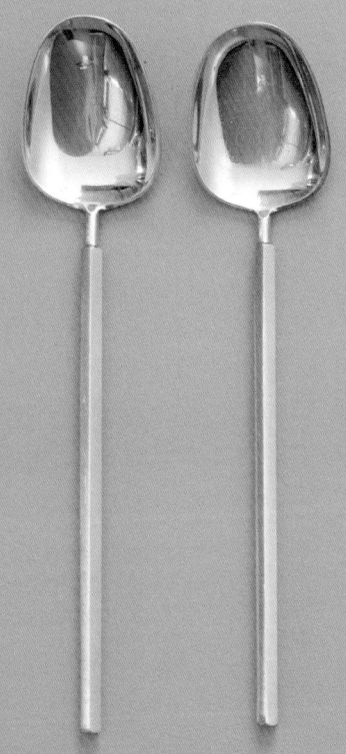

2016년 덴마크에 처음 갔을 때, 쥴리는 작별선물로 이 스푼 두 개를 주었다. 그저 '외할아버지가 디자인했다'고만 하면서. 쥴리다운 담담하고 겸손한 표현 뒤에 숨은 커다란 이야기를 그때까지는 알지 못했다.

p.89 퀴즈의 정답 :-)

전시차 한국에 온 쥴리는 하얀 수건에 싸인 스테인리스 그릇을 선물로 주었다. 그릇은 어위의 작품이었다. 그릇에 흠이 가지 않도록 둘러싼 포장인 줄만 알았던 수건은 어위의 아내이자 아네뜨의 엄마 커스틴이 뜬, 무려 뜨개수건이었다.

그렇지. 공산품 수건이 없던 시절, 사람들은 옷도 뜨고 양말도 뜨고 가방도 뜨고 수건도 떠서 썼겠지! 물자를 직접 만들고 오래 쓰고 귀하게 쓰던 시절의 기록이 담긴 작품이자 사료(史料)다.

〈Danish, Family. 덴마크 가족의 선〉
갤러리 우물. 2023.01.06~01.22

아네뜨의 허니쟈, 코튼백, 주얼리, 크리스마스 노트, 어위의 엽서, 드로잉 등이 전시되었다. 전시품 중 아네뜨의 주얼리만 쥴리가 덴마크로 돌아갈 때 챙겨가기로 했다. 전시 후 보관도 배송도 어려운 물품이기 때문이다. 그런데 또 하나의 아이템이 의논거리로 떠올랐다. 바로 이 인형. 한국에 어떤 물건을 가져올지 선정하는 과정에서, 나는 이 인형을 요청했다. "마치 아네뜨가 갤러리에서 손님들을 맞이하는 느낌이 들 거야"라며.

그런데 전시 세팅을 하며 쥴리에게 들은 인형의 역사가 무시무시했다. 아네뜨의 할머니의 할머니 그리고 더더 할머니까지 거슬러 올라가서 집안의 여자들에게 내려오는 1800년대 인형이었다. 깨지기 쉬운 도자기 인형이었고, 인형이 신은 양말은 아주 얇은 실로 아네뜨의 엄마가 뜬 것이라고! 어떻게 이런 걸 선뜻 내준단 말예요? 아네뜨, 당신은 참!

기억해 보니 인형은 아네뜨네 집에서 늘 중요한 곳에 있었다. 아네뜨 침실의 선반(p30)에, 크리스마스에는 빨강 모자를 쓰고 거실에(p158). 나는 쥴리에게 인형을 덴마크에 갈 때 가져가는 게 어떠냐고 제안했고, 쥴리와 아네뜨는 전시 끝까지 두어도 좋다고 했다. 나는 고민 끝에 인형을 보내기로 했다.

"인형이 행복할 것 같지 않아. 한국에 남게 된다면 나는 안전하게 보관하려고 상자 안에 넣어둘 거야. 그보다 아네뜨의 집에서 빛 받고 사랑 받으며 있는 게 인형은 더 행복할 거 같아."

이렇게 이유를 말했을 때 쥴리와 갤러리 대표 세은은 "농담이지?"라고 말하는 표징이었디. 피손이나 분실 부담이 진짜 이유라고 생각했을 것이다. 나는 당황했다. 저것이 진짜 이유였으니까.

"저는 물건에도 감정이입이 되더라고요. 특히 눈이 있는 존재에게는 더."

쥴리와 세은 앞에 설명을 늘어놓자 둘은 작은 미소를 보였고, 인형은 며칠 후 쥴리와 함께 덴마크로 돌아갔다. 아네뜨의 선반에서 빛과 사랑을 받으며 잘 지내고 있겠지?

전시작 옆에 할아버지 이름과 작품명을 써넣는 쥴리. 마스킹 테이프로 수평을 잡고 한 줄 한 줄 반듯하게 쓴다. 나는 그런 쥴리를, 그의 여행을 바라본다. 가족의 유산을 들고 다니는 여행이란 어떤 기분일까. 덴마크에 있을 때 쥴리와 박물관에 대해 이야기 나눈 적이 있다. 어위 할아버지는 물론 그 이전 세대의 물건들까지 전시하는 가족 박물관을 운영하는 건 어떻냐고 묻자, 멋진 생각이지만 쉽지 않을 거라는 답이 돌아왔다. 이 여행하는 유산들이 언젠가 한곳에 머물며 사람들을 맞이하게 될 날도 올까? Why not?

북토크, 뜨개 워크숍, 전시오프닝 콘서트, 굿바이 티타임. 모든 자리가 의미있었지만, 특히 뜨개 워크숍에서 현장에 있던 모~~~든 사람이, 심지어 통역까지 눈과 입, 귀로는 서로 소통하면서, 두 손을 쉴 새 없이 움직여 아네뜨 집안의 양말을 뜨는 현장은 대단했다.

참가자 23명, 46개의 손, 100개가 넘는 바늘이 동시에 격동적으로 움직이는데 몹시 자극적인(좋은 쪽으로) 비주얼 아트 퍼포먼스같았다. 다음엔 북토크에 각자 뜨갯감을 가져오도록 할까?

라이프스타일 매거진 〈행복이 가득한 집 - 2023년 2월 호 북유럽 디저트 편〉에 쥴리와 행운의 주전자가 초대되어 사진촬영을 했다.

촬영을 수월히 마치고 덴마크 디저트로 티타임을 가졌다. 매거진 에디터와 요리연구가 선생님이 기사에 녹여낼 여러 질문을 쥴리에게 던졌다. 북유럽 사람들의 여유로움, 느긋함이 디저트와 티타임에 어떻게 드러나는지 등등.

그러다가 선생님이 "그 나라 사람들은 디저트를 참 단순하게 만들더군요. 재료도 과정도!"라고 감탄하자 쥴리가 답했다.

"맞아요. 가까이 있는 재료로 아주 간단히 만들어요. 그래야 사람들과 디저트를 즐길 시간이 생기니까요."

나는 쥴리의 이 대답이 흐른 단 몇 초를 그날의 가장 길고 가장 진한 순간으로 기억한다.

'목적과 수단을 혼동하지 않는 것'

그래서 어떤 지점은 시원하게 지나쳐 주고, 어떤 지점을 꼬옥 챙겨 붙들어야 하는지 알고 사는 것. 쥴리와 아네뜨가 그동안 내게 보여준 일련의 태도가 모두 그랬다.

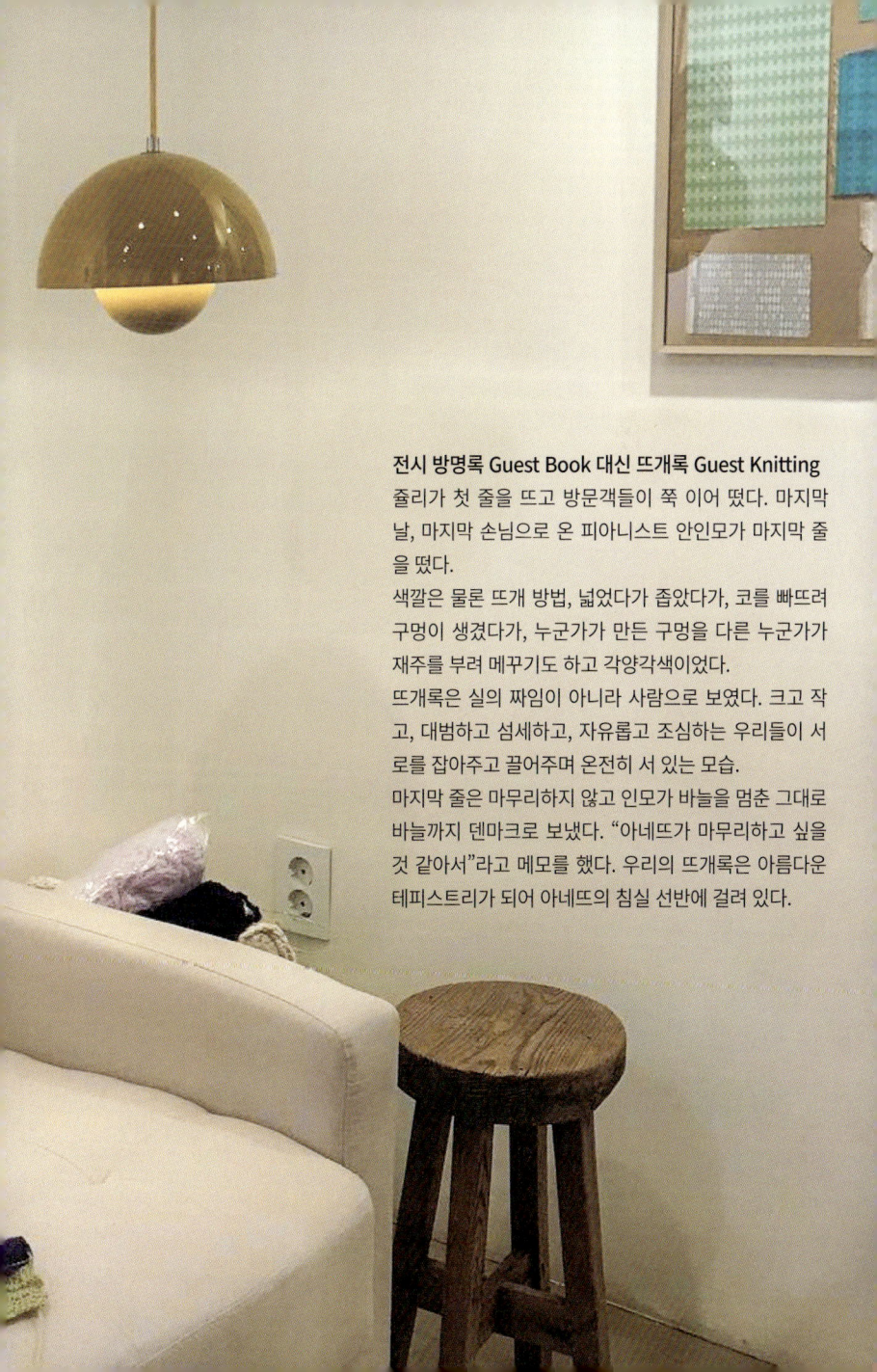

전시 방명록 Guest Book 대신 뜨개록 Guest Knitting
줄리가 첫 줄을 뜨고 방문객들이 쭉 이어 떴다. 마지막 날, 마지막 손님으로 온 피아니스트 안인모가 마지막 줄을 떴다.
색깔은 물론 뜨개 방법, 넓었다가 좁았다가, 코를 빠뜨려 구멍이 생겼다가, 누군가가 만든 구멍을 다른 누군가가 재주를 부려 메꾸기도 하고 각양각색이었다.
뜨개록은 실의 짜임이 아니라 사람으로 보였다. 크고 작고, 대범하고 섬세하고, 자유롭고 조심하는 우리들이 서로를 잡아주고 끌어주며 온전히 서 있는 모습.
마지막 줄은 마무리하지 않고 인모가 바늘을 멈춘 그대로 바늘까지 덴마크로 보냈다. "아네뜨가 마무리하고 싶을 것 같아서"라고 메모를 했다. 우리의 뜨개록은 아름다운 태피스트리가 되어 아네뜨의 침실 선반에 걸려 있다.

사람 놀라게 하는 쥴리의 재주가 가장 크게 발휘된 케이스. 어느 날 또! 덩그러니, 이번엔 상자도 아니고 하얀 종이봉투가 문 앞에 놓여있는 것 아닌가! 오는 길이 험했는지 검댕이가 묻고 생채기도 난 봉투를 열어보니 세상에나… 아네뜨 할머니의 마지막 허니쟈(p57)가 있었다. 출간을 축하하려고 보낸다는 엽서와 함께. 나는 두 가지 이유로 ㄱ 자리에서 굳어버렸다. 여전한 쥴리의 호연지기에, 그리고 이런 귀한 작품을 내가 가져도 되나 싶은 겸연쩍은 마음에.

청보라색 줄무늬 허니쟈는 아네뜨의 집에 처음 갔을 때 고심해 골랐던 나의 첫 허니쟈다. 동동이 어렸을 때 이동가방으로 사용하거나 자주 편하게 들고 다녔더니 손잡이가 자연스럽고 근사하게 늘어졌다. 마지막 허니쟈는 한 번도 들지 않았다.

"우리는 어떻게 만났나요?"

성진 친구에게 특별한 책을 선물하려고 검색하다 우연히 저자의 블로그를 발견, 제목을 보자마자 이거다! 싶었다. 내 것까지 두 권을 샀다. 선물한 친구도 자기 친구에게 선물했다고. 연쇄 선물 작용을 일으키는 책.

김겨울 첫 아이 임신 때, 태교로 어떤 책을 읽을까 인터넷 서점에서 고르다가 만났다. 어위가 딸 아네뜨에게 보내준 엽서들이 너무 부러워 틈틈이 나에게, 신랑에게, 아가들에게 엽서를 써서 동네 우체통에 넣어 집으로 받고 있다.

문브로 을지로의 〈그래서책방〉에서 귀여운 할머니를 만났다. 매력적인 표지가 센터에 딱 세워져 있었는데, 서점 공간이 더 밝아지는 듯 했다. 내가 가진 책에는 현재 세 개의 서명이 있다. 저자 서명 두 개, 쥴리 하나. 북토크 등 이벤트로 만날 때마다 저자 사인을 받아둔다. 언젠가는 아네뜨의 사인도 받을 참!

페코맘 우연히 누군가의 인스타그램 피드에 있던 표지 사진에 끌려 제목을 보았다. 내가 운영하는 쇼핑몰의 옷들을 두고 늘 하는 마지막 코멘트 인사와 동일했다. 순간 가슴이 콩닥콩닥. 일을 하면서도 계속 제목과 이미지가 떠올라 행복해질 때가 많다. 앞으로도 쭉 나의 최애장서!

우주여행자 종이 신문의 도서 소개 코너에서 만났다. 친구들의 내년도 생일 선물로 여러 권 미리 구매했다.

아를 2023년 여름, 고척에 있는 〈서울아트책보고〉에서 만났다. 요즘 전자책으로 독서를 하다보니 책을 살 일이 없는데, 순간 '이 책은 사야겠다!' 했다. 정말 잘샀다 싶었고, 주변에도 추천했다.

은은은 2020년 여름, 제목에 끌려 홀린 듯 사서 한 장 한 장 읽는 게 아까워 아껴 읽었다. 〈살롱드북 독서모임〉에 들고 가 책을 설파했다. 쥴리의 북토크도 가고 아네뜨의 허니쟈도 샀다. 북토크에서 참가자들 자기소개를 하는데 익숙한 이름과 목소리가?! 몇 년이나 못 만났던 사촌 언니가 왜 거기서 나와! 이 정도면 정말 운명!

은빛해달 한 달에 한 권씩 느리게 읽는 모임 〈게으른 북클럽〉활동 중에 이달의 책으로 만났다. 게으른 북클럽만을 위한 북토크를 해줄 수 있는지 저자 메일로 문의했다. 저자는 우리의 초대에 응했고 봄날의 햇살 같은 시간을 함께했다.

봉삼이 저자가 드로잉 작가일 때부터 블로그 이웃으로 알고 있었다. 한번 읽고 책장에 꽂아두는 책이 아니라 가까이 두고 아무 때, 아무 페이지나 다시 펼쳐보는 반려도서다.

혠 출판 편집자라 질투나는 책 제목을 수집한다. 내 취향까지 반영해 꼽은 1등이 이 책이다. 저자가 취향이 비슷한 친구들 이리이리 보이라고 부르는 것 같았다. 책 리뷰를 찾아보며 다른 독자들과도 친해지는 느낌. 책을 덮을 때쯤엔 선물하고 싶은 친구 두 명이 생각났다. 나와 닮은 사람들과 연결되는 기쁨이 얼마나 큰지 알게 해준 책이다.

나은 여행 중 책방에서 저자의 다른 책 「나의 두려움을 여기 두고 간다」를 발견. 울고 웃고 정말 위로가 되어서 인스타그램에 자랑했더니 독서모임의 멤버 '사라'가 이 책을 추천했다. 클럽하우스에서 저자를 초대해 독서모임을 했다.

미정 저자의 다른 책 북토크에서 저자를 처음 만났다. 많은 이들이 차용하는 그 문구 '장래희망은~'으로 시작하는 책의 저자라는 걸 알았다. 읽지 않을 도리가 없지!

소심한토끼 2023년 여름, 서울국제도서전에서 만났다. 저자의 책 3종을 모두 구매했다. 소중한 사람들에게 "같이 귀여운 할머니가 되어보자"라는 고백과 함께 선물하고 있다. 앞으로 나의 삶에 귀여운 할머니들이 많이 생겨날 듯.

윤영주 "너가 좋아할 거 같은 할머니가 나와." 남편이 책을 내밀었다. 하얀 단발머리, 빨간 신발… 한눈에 반했다.

화요 이제 막 우정을 나누기 시작한 친구가 작가의 친필로 내 이름을 적은 책을 선물해 주었다. 책을 통해 취향을 공유하고 처음 양말을 뜨며 우리는 더 많은 것을 나누는 사이가 되었다.

박혜연 덴마크 출국을 앞두고, 덴마크 책을 검색하다가 발견했지만 읽은 건 귀국 후. 내가 지낸 헬싱괴르에 아네뜨가 살고 있다니. 뒤늦게 알아 반갑고 안타까웠다. 주말 동네마켓에서 아네뜨를 볼 수도 있었는데!

유자 2018년 초판을 소장하고 있다. 단순히 제목에 끌려서 샀다. 오타를 수정하려고 포스트잇에 손글씨로 적어 붙인 것에서 친밀감이 느껴졌다. 읽는 내내 친구의 이야기를 듣는 것 같았다.

서수진 우연히 독립서점에서 제목을 보고 반했다. 빈티지를 수집중이라 반가운 내용이 많았다. 나만의 물건들이 아네뜨의 것처럼 빛을 받는 날을 상상하니 미래가 기대되었다. 많은 영감과 따스함, 포근함을 선물해 준 소중한 책이다.

박진아(아무것도 아닌곳 주인장) 〈세종예술시장 소소〉에서 만났다. 책 표지와 소개글에 끌려 책을 주문했다. 팬레터도 보내고 내 공간에서 북토크도 하고 지역 피라미드 조직의 몸통이라는 자부심으로 조용히 다음 작품을 기다리고 있다.

세라 퇴근길에 들르곤 하던 카페 사장님의 선물이었다. 저자의 다른 글도 다 읽는 덕후가 되었다.

메리래빗 틈날 때마다 인터넷 서점 알라딘에 들르는 습관이 있다. 여느 때처럼 사이트에 들어갔다가 제목과 상큼산뜻한 표지를 보자마자 책을 샀다. 지금도 책장 한편에 사랑스럽게 자리하고 있는 책.

최소연(서울 함뜨 모임장) 친구의 책장을 구경하다 발견했다. 혼잣말처럼 '허니쟈를 만들고 싶다' 했던 게 씨가 되어 함뜨 모임을 만들었다. 작가의 경험이 글자가 되어 우리를 만나고 글자가 독자의 경험으로 살아나는 아주 특별한 만남.

올드블루 산책길에 가끔 들르는 동네 작은 책방에서 제목에 심쿵! 발견의 기쁨을 맛보게 해줬던 책이다. 재고가 없어서 작가에게 DM으로 핑계 삼아 연락했다가 답장받고 심장이 벌렁였던 추억을 갖게 해준 귀한 책.

포도 잠실에서 〈뉴질랜드 스토리〉라는 식사형 카페를 운영하고 있는데 함께 일하던 친구에게 선물로 받았다. 사진이 많은 책을 선호하는데 알록달록한 사진이 정말 좋았다. 생각이 팍팍하지 않게 늙어야겠다는 결심으로 지인들과 '장희귀할' 모임을 만들어 책을 선물했다.

초승달 서점에서 제목과 표지가 마음에 들어서 펼쳐보고 이거다 싶었다. 다른 책도 몇 번씩 반복해서 읽었다. 저자의 고양이인 동동의 초상화를 그려 선물도 했다.

백일홍 아이들과 보낸 첫 북스테이〈백일홍〉에서 만났다. 책 내용을 낭독해보고 싶어서 저작의 허락을 얻고, 유튜브 계정을 만들어 낭독영상을 올렸다. 이 일을 계기로 오디오 작가라는 새 취미가 생겼다.

미장군 고향 경주의〈누군가의 책방〉에서 처음 마주한 책. 책방 언니의 추천으로 책을 읽고 저자의 집에 초대도 받았다. 책 한 권으로 잊지 못할 에피소드가 생겼다.

온수 처음 가본 독립서점〈스토리지 북앤필름〉에서 처음 산 책. '정말 이 책, 모든 게 좋다. 나를 위한 책이야!' 어깨를 들썩이며 책을 사고 해방촌 언덕을 신나게 내려가던 날이 아직도 생각난다. 이렇게 아껴 읽은 책은 처음이다.

• **책으로부터** _ 거봐요. 우리도 이렇게 만났잖아요. 아주 우연했고, 서로를 단번에 알아봤죠. 100권의 책은 100개의 삶을 갖는답니다. 애장서가 되기도, 선물이 되기도 하죠. 저의 삶은 아주 행복합니다. 그때 당신의 마음을 잡아당기길 잘했다고 생각해요. 이 말을 전하고 싶었어요. 고마워요.

지은이 **하정**

잘생긴 노랑 고양이 동동이와 산다. 어려서는 엄마가 좋아하는 대로 살았고 어른이 되어서는 살고 싶은 대로 산다. 미래직업과 장래희망을 늘 궁리한다. 여행은 좋아하지 않아도, 여행에서 만난 친구들 이야기를 쓰는 것만은 좋아해 또 여행하고 또 이런 책을 쓸 듯하다.

쓴 책
『나의 두려움을 여기 두고 간다』(2020, 좋은여름)
『이상한 나라의 괜찮은 말들』(2022, 좋은여름)

gingerroll@naver.com
instagram @goodsummer77

- 크고 작은 고민을 함께 한 사람들
  한영심, 이은하, 손경아, 손형석, 전혜선, 허진무, 박정인, 이영주, 김현리, 정진아
- 〈Danish, Family. 덴마크 가족의 선〉
  갤러리 우물, 조인성(고가구 대여), 낙양모사(뜨개록 후원)
  조응현(통역), 배승혜(피아노), 김은영(스태프)
- 〈덴마크 가족의 양말 뜨개 워크숍〉
  바늘이야기(주최/진행), 최소연(통역)
- 사진
  p290~295, 308, 318, 320~331, 342 : 박연선(촬영), 이윤희(장소제공)
  p298 : 전혜선, p337 : 천사라

장래희망은, 귀여운 할머니
다섯 살 에디션 - "우리도 그렇게 만났잖니"

초판 1쇄 2024년 1월 1일
    3쇄 2025년 9월 12일

지은이 하정
펴낸곳 좋은여름
교정 구희진 @undobooks   **표지디자인** 허희향 @eyyy.design
사진보정 박연선 @oandfilm, 김호근 @cheese.smile.studio
번역 최윤서, 우미진   **뜨개감수/번역** 김필섭 @pilseoba

출판등록 2019년 5월 2일 (제2022-000038호)
주소 서울시 마포구 월드컵북로12안길 30, 3층
이메일 77summerdays@gmail.com   **인스타그램** @studio.goodsummer

- 이 책의 판권은 지은이에게 있습니다. 내용의 전부 또는 일부를 사용하려면 반드시 지은이의 동의를 얻어야 합니다.
- ©Anette Breinegaard, ©Aage Helbig Hansen의 작품 디자인과 사진은 저작권자에게 사용 권한이 있습니다. 내용의 전부 또는 일부를 사용하려면 반드시 저작권자의 동의를 얻어야 합니다.
- 책값은 뒤표지에 있습니다. 잘못 만들어진 책은 구입처에서 바꿔드립니다.

이 책의 본문은 '을유1945' 서체를 사용했습니다.
ISBN 979-11-967029-6-0 (03810)

좋은여름의 아지트 '여름맨숀'에 놀러오세요. 좋은여름의 문장을
친구들의 목소리로, 엄선한 음악과 함께 즐길 수 있답니다 :-)